Heleen van Royen

Moeder, dochter, minnares

W0401173

the house of books

Een uitgave van The House of Books, Amsterdam 2020
Omslagontwerp en beeldbewerking: Riesenkind, 's-Hertogenbosch
Omslagbeeld: © Shutterstock / ded pixto
Auteursfoto: © Yvette Kulkens
Typografie: Crius Group, Hulshout

ISBN 978 90 443 6061 5
ISBN 978 90 443 6062 2 (e-book)
NUR 401

www.thehouseofbooks.com
www.overamstel.com

OVERAMSTEL
uitgevers

The House of Books is een imprint van Overamstel uitgevers bv

Voor Bart

De jubilaris spreekt

Laat ik vooropstellen dat ik me nooit een schrijver heb gevoeld. Ja, ik weet dat ik kan schrijven. Maar ik kan ook fietsen. En zwemmen. Een beetje tennissen. En lopen. Schrijven is voor mij niets anders dan denken op papier. De zinnen in mijn hoofd lopen er makkelijk uit. Ik kan een verhaal bedenken en dat over driehonderd pagina's uitsmeren. Maar maakt dat me tot een schrijver of een fantast die goed is met woorden?

Bij een schrijver denk ik altijd aan Harry Mulisch, het prototype. De man met de pijp. De grote denker. De schepper met zijn zelfgecreëerde universum. Zijn zorgvuldig geconstrueerde oeuvre. De man die elk jaar de Nobelprijs zou winnen, maar die niet won. De onsterfelijke, die stierf.

Hij was ook de man die ooit geïrriteerd een wegwerpgebaar maakte toen een journalist mijn naam noemde. Harry beschouwde mij niet als een collega. Dat wat ik deed, was geen schrijven. Hij had me niet gelezen. Dat was ook niet nodig. Hij hoefde maar één blik op een pagina van mijn werk te werpen, dan wist hij genoeg. Te veel wit. Te weinig tekst. Als mijn geheugen me niet in de steek laat, zei hij dat het voor hem volstond om het boek op zijn kop open te slaan, want dan zag hij het al. Geen literatuur. Geen schrijver.

Ik was niet beledigd of gekwetst.

Ik schreef geen ingezonden brief.

Ik begon geen polemiek.

Het amuseerde me.

En het bevestigde wat ik al dacht: ik ben geen schrijver. Schrijven is voor mij niet als ademen. Ik kan makkelijk zonder. Arnon Grunberg, dat is een schrijver. Meer dan Mulisch ooit was, maar dat terzijde.

Negentig procent van de tijd schrijf ik niet. Negentig procent van de tijd ben ik een mens dat net als alle andere mensen de dag doorkomt met ditjes en datjes tot de nacht en de daaropvolgende dag aanbreekt. Ik bevind me graag in en om mijn huis. Ik ben geen grote avonturier. Ik houd van overzichtelijkheid, rust en regelmaat.

Ik denk meer aan schrijven dan dat ik schrijf en ik vind dat ik meer zou moeten schrijven. Maar eigenlijk haat ik schrijven. Ik haat schrijven zoals Andre Agassi tennis haat. Dat is me het meest bijgebleven van zijn biografie, hoe hartstochtelijk Agassi tennis haat. Op een gegeven moment biecht hij het op aan Steffi Graf in de verwachting dat ze geschokt zal zijn. In plaats daarvan reageert ze met een blik van: natuurlijk, dat doen we toch allemaal?

Ik haat schrijven omdat het volmaakte verhaal niet bestaat. Er is altijd wel iets op aan te merken. Elke alinea, elke zin, elk woord, elke wending kan anders. Dat besef werkt verlammend. Als je die blokkade weet te overwinnen, als je durft te geloven in je verhaal, als je de ruimte geeft aan je innerlijke noodzaak om je in schrift uit te drukken, dan kan er iets moois ontstaan. Iets dat anderen willen lezen.

Je mag gerust weten dat op het moment dat ik aan een column of een boek werk, ik me dan wél een schrijver voel. Een professional, geen amateur. Ik schrijf en uitgevers willen het uitgeven. Lezers willen het lezen. Ze zijn bereid ervoor te betalen. Dus nu, op dit moment, nu ik achter een laptop zit en deze zinnen produceer, nu voel ik me een schrijver. En morgen, als ik weer verder ga met dit boek, zal ik me weer even een schrijver voelen. Je bent alleen een schrijver als je schrijft.

Mij aan het schrijven krijgen is een uiterst moeizaam proces dat uren kan duren, soms zelfs dagen. Voordat ik mezelf naar mijn bureau sleep, maak ik eerst tal van omtrekkende bewegingen. De honden moeten uit. De vaatwasser moet leeg. De was uit de droger. Is de kliko al geleegd? En de brievenbus? Als ik niks meer kan verzinnen, zet ik koffie. Daarna ga ik achter mijn bureau zitten en klap ik mijn laptop open. Denk niet dat ik dan meteen aan het schrijven sla, welnee. Eerst moet ik naar een zielig hondenfilmpje kijken. Zielige hondenfilmpjes zijn geweldig. Ze beginnen met een magere, angstige en zwaar verwaarloosde hond die meestal in een hoek van een verlaten parkeerterrein zit te blaffen. Hij wordt gevonden door een onzichtbare redder wiens stem de voice-over is. De stem zegt: 'Toen ik deze hond zag, wist ik dat ik hem moest redden voordat het te laat was.' De stem heeft ook een hand. De hand komt in beeld met een touw en een lus die om de nek van de hond gaat. De hond verzet zich. Hij schudt woest met zijn kop en valt uit naar zijn redder. 'Rustig maar, alles komt goed,' zegt de redder. 'Je weet het nu nog niet, maar wij worden vrienden.'

De stem brengt de hond naar de dierenarts. Die geeft hem brokjes en injecties en scheert zijn vervilten vacht af. De hond gaat mee naar het huis van zijn redder en verandert geleidelijk van een scharrig, schuw beest naar een prachtig dier met een glanzende vacht dat zich steeds makkelijker laat aaien en daar zichtbaar van geniet. Dat blij in de tuin speelt met andere honden, want een echte redder woont altijd met meerdere honden. Zodra de zielige zwerfhond een blije huishond is geworden, wordt er een *forever home* voor hem gezocht. Op dat punt beginnen mijn ogen te tranen. Een forever home, wie wil dat niet? Soms houdt de redder het beest toch zelf, omdat hun band te sterk is geworden. Dat is de ultieme afloop van een zielig hondenfilmpje, dat je de redder samen met de hond in bed of op de bank ziet liggen, innig verstrengeld.

Als het hondenfilmpje klaar is, lees ik nieuwsberichten waarvan ik doe alsof ze me interesseren. Daarna werk ik mijn social media bij. Soms check ik mijn banksaldo. En dan, als ik echt niets meer kan bedenken, open ik het programma Word, gevolgd door het document waaraan ik werk. Er is geen uitweg meer. De schrijver schrijft.

Mijn eerste roman verscheen in het jaar 2000. Het was het jaar waar iedereen naar uitkeek. Overal kwam je klokken tegen die aftelden naar de millenniumwissel. Er werd gevreesd dat computers op hol zouden slaan, maar die angst bleek ongegrond. 1 januari 2000 was de deadline voor mijn debuut. Die heb ik gehaald.

De gelukkige huisvrouw heeft me meer gebracht dan ik ooit voor mogelijk had gehouden. Het verhaal over Lea die na een helse bevalling in een postnatale psychose belandt, is tot toneelstuk bewerkt, verfilmd en daarna nóg een keer tot toneelstuk bewerkt. Ook is het vertaald in vele talen.

In Duitsland, Frankrijk en Engeland werd het boek zeer lovend besproken, in Nederland werd het met de grond gelijk gemaakt. Dit was verwarrend. Als ik besloot geen waarde te hechten aan de negatieve recensies, dan moest dat ook gelden voor de positieve. Ik besloot me aan mijn plan te houden en me vooral te richten op mijn lezers. Voor hen schreef ik. Waren zij tevreden, dan was ik dat ook. Wilden zij meer, dan zou ik proberen te leveren.

Want wat krijg je als je eenmaal een succesvol boek hebt geschreven? Verwachtingen. Torenhoge verwachtingen. Zowel je uitgever als je lezers hopen dat je je kunst nog heel vaak zult herhalen, terwijl je zelf al heel blij bent dat het je één keer is gelukt.

Ik heb niet verzaakt. Na *De gelukkige huisvrouw* verschenen meer romans van mijn hand. Daarnaast schreef ik columns en non-fictie. Elk boek vond zijn weg naar de lezer en belandde in de bestsellerlijst. Het woord *commercieel* begon aan me te kleven. Heleen van Royen werd een merk genoemd. Een succesvol merk. Ik vond en vind het niet erg. Laat mij maar de Coca-Cola van de schrijvers zijn. Laat mij maar huilen op weg naar de bank.

In de twintig jaar dat ik met schrijven de kost verdien, heb ik geen enkele prijs gewonnen. Wel werd ik in 2017 in België geëerd met mijn eigen ster op de boulevard van Oostende. Ik kreeg hem voor de film die ik over mijn moeder had gemaakt, maar ook voor mijn oeuvre als schrijver. De feestelijke onthulling vond plaats onder leiding van Rick de Leeuw. Hij sprak lovende woorden over mijn werk. Die deden me goed. De ster lag onder een hoopje zand. De Leeuw overhandigde me een bezem. Ik mocht mijn eigen ster tevoorschijn vegen, terwijl de camera's klikten. Een gedenkwaardig moment. Mijn ster ligt er nog steeds, daar op de boulevard. De Belgen onderhouden hem keurig. Onlangs kwamen de schoonouders van mijn dochter hem toevallig tegen. Ze maakten er een foto van en stuurden die naar mij. Ook dat deed me goed.

Er zijn schrijvers die geloven dat verhalen door het universum zweven en dat je ze alleen maar hoeft te plukken. Ik ben niet zo'n schrijver. Mijn brein is het enige universum dat ik ken. Daar zweven de ingrediënten waarmee ik een verhaal maak. Daar pluk ik de elementen uit, rijg ze aan elkaar, speel ermee, trek eraan, ik hussel de boel door elkaar en bepaal de nieuwe volgorde. Het resultaat wordt zo mooi, lelijk, sappig of droog als ik wil. Ik overgiet het met een romige saus en dien het dampend op. Hier, zeg ik tegen mijn lezer, dit is het. Dit is wat ik deze keer te vertellen heb. Kijk het monster maar in de bek. Lees het maar, als je durft. Misschien verveelt het je. Dat hoop ik niet. Misschien ga je lachen. Altijd goed. Misschien moet je huilen. Ik voeg een zakdoek bij. Missschien troost het je. Misschien verschaft het je een inzicht dat je nog niet had en helpt het je de wereld beter te begrijpen. Dat is het hoogst haalbare. Het grootste compliment.

Ik heb jou, beste lezer, de afgelopen twintig jaar gevoed met mijn boeken. Ik weet niet hoeveel je er hebt gelezen, het maakt ook niet uit, want je bent nu hier. Ik heb je gevangen. Je zit in de bek van mijn nieuwste monster. Wat je gaat lezen, is geen roman, maar een bundel vol verhalen. Verhalen die geschreven moesten worden, uit mijn leven gegrepen. Het schrijven was zoals altijd een kwelling en een genot. Het genot overheerst, want als het lukt, als ik alle hindernissen heb overwonnen, alle omwegen heb bewandeld, alle angsten heb bezworen en ben toegekomen aan het schrijven, aan dat wat ik het beste kan, dan volgt de verlossing. Wanneer ik innig samenval met mijn tekst, zoals de redder met zijn zwerfhond, dan weet ik weer wat ik soms vergeet: dat Harry er wel vaker naast zat. Schrijven is *my forever home.*

Moet ik jou kennen?

Ik ben een BN'er. Als BN'er mag je niet klagen, dat is een ongeschreven regel. Want je hebt een interessant leven, je ontmoet andere BN'ers, je mag naar leuke feestjes, je verdient goed en je wordt overal met een rode loper ontvangen. Allemaal waar. Maar mag ik bij hoge, hoge uitzondering toch even klagen over twee nadelen van BN'er zijn?

Met stip op één: mijn naam wordt al twintig jaar (!) verkeerd gespeld. Al twintig jaar schrijf ik boeken en columns. Al twintig jaar staat Heleen van Royen prominent op de kaft en boven de columns. En nog steeds wordt mijn naam vaker fout gespeld dan goed. In kranten, in bladen, op internet – het is ongelooflijk. Mijn manager krijgt dagelijks mailtjes voor Heleen van Rooyen, Heleen van Rooijen en Hellen van Roijen. Het zijn doorgaans verzoeken van journalisten of pr-mensen, die feiten horen te checken voor ze iets de wereld in sturen. Of het zijn berichten van fans, die beweren dat ze al mijn boeken hebben gelezen en die nu willen dat ik een boek over hun leven schrijf. Hoe dan? Eén keer de foute spelling googelen en je ziet hoe het hoort. Dan zegt Google: *Bedoelde u Heleen van Royen*?

Nadeel nummer twee: ik ben bekend, maar niet beroemd in de Linda de Mol-klasse. Dat is de klasse waarin iedereen weet wie je bent. Ik ben bekend in een andere, lagere categorie, en dat brengt geregeld ongemakkelijke situaties met zich mee. 'Ken ik jou? Jij bent bekend, toch? Moet ik jou kennen? Ben jij die schrijfster? Ik lees nooit boeken.' Als een gesprek zich zo opent, is voor mij de lol er snel af.

Laatst was ik op de bruiloft van de zus van Bart. Ik verkeerde in de veronderstelling dat iedereen wel zo'n beetje wist wie ik was – immers, de vriendin van Bart, die veel ouder is, die schrijfster. Maar toen ik een van de bruiloftsgasten complimenteerde met zijn speech, ontspon zich de volgende conversatie.

'Hoi, ik wilde even zeggen dat je supergoed hebt gesproken, echt heel geestig.' Ik geef de man een hand en stel me netjes aan hem voor. Ik denk nog: leuk voor hem, compliment van een schrijfster.

'Dank je,' antwoordt hij. 'In welke hoedanigheid ben jij hier?'

'Ik ben de vriendin van Bart, de broer van de bruid.'

'Ah. En wat doe je in het dagelijks leven?'

'Ik ben schrijfster.'

'Leuk. Wat schrijf je?'

'Romans, columns.'

'Moet ik je kennen?'

Het begint te wringen. Mijn schoonmoeder is inmiddels naast me komen staan.

'Tja, wat is moeten?'

'Wat was je naam ook alweer?'

'Heleen van Royen.'

'Zegt me niks. Kan ik je boeken kennen?'

'Misschien.'

'Noem eens wat titels.'

Op dit moment heb ik spijt van mijn compliment.

Mijn schoonmoeder staat inmiddels nerveus te glimlachen. Ze wil best helpen, maar weet niet hoe.

'*De gelukkige huisvrouw*, *Godin van de jacht*, *De mannentester*, *STOUT*...'

Alsof je Paul McCartney vraagt zijn grootste hits op te dreunen. Het voelt als een vernedering.

De spreker schudt zijn hoofd. Er rinkelen geen belletjes.

'Haar boeken zijn verfilmd, hoor,' probeert mijn schoonmoeder.

Ik kan wel door de grond zakken. Ik kan moeilijk roepen dat ik best beroemd ben, dat ik meer dan een miljoen boeken heb verkocht. Dat ik bekendsta als 'publiciteitsgeil' omdat ik veel aandacht in de media krijg, dat ik een vraag ben in 30 Seconds en Triviant. Blijkbaar is het allemaal niet genoeg geweest, want deze man van in de veertig heeft geen flauw idee wie er voor hem staat.

'Ik ga even een drankje pakken,' zeg ik ten slotte. 'Googel me maar als je thuis bent. Het is Van Royen, met één o.'

Stijve heupen

Vroeger, heel lang geleden, toen ik nog jong en wild was, dompelde ik me geregeld onder in het Amsterdamse nachtleven. Ik toupeerde mijn haar, trok met een kohlpotlood dikke zwarte lijnen rond mijn ogen, hees me in een kort rokje en maakte tot in de kleine uurtjes menige dansvloer onveilig.

Ik had geweldige moves, vond ik zelf, en die liet ik ongegeneerd zien. Stijldansen had ik nooit geleerd, maar discodansen kon ik als de beste.

Nog niet zo heel lang geleden, toen ik al wat ouder en minder wild was, ontmoette ik Bart, een drummer. 'Muzikanten dansen niet' was zijn lijfspreuk, maar natuurlijk lukte het me toch een keer om hem te verleiden. Bart bewoog zich soepel en ritmisch op de dansvloer, schijnbaar moeiteloos. Het waren kleine, subtiele bewegingen, heel sexy. Toen ik mijn moves ertegenover zette, begon hij te schateren.

'Jij hebt geen enkel gevoel voor ritme. Het ziet er niet uit,' zei hij. 'Je beweegt houterig en je zwaait raar met je armen. Heel erg jaren tachtig, ha ha.'

Bart neemt tegenover mij nooit een blad voor de mond. Dat kun je eerlijk noemen, maar ook dodelijk.

Ineens schaamde ik me voor mijn moves. Ineens verbleekte de mooie herinnering aan alle momenten waarop ik meende te hebben geschitterd in de disco. *Maybe my hips did lie.* En was ik zo dom ze te geloven.

Dansen met Bart liet ik daarna wel uit mijn hoofd. Ik waagde me alleen nog op een dansvloer als ik heel dronken was. De zelfverzekerdheid die ik decennialang had gehad, was als sneeuw voor de zon verdwenen.

Eind 2018 kreeg mijn manager Marit een mailtje van een tv-producent. Het programma *Dancing with the Stars* kwam terug op de buis en het leek de producent 'fantastisch' als Heleen van Royen een van de sterren zou zijn.

'Volgens Bart heb ik geen enkel gevoel voor ritme,' somberde ik tegen Marit.

'Je wordt getraind door een professionele danser,' stelde zij ertegenover. 'En het betaalt goed.'

We namen een proefles bij Euvgenia Parakhina en haar danspartner Peter Bosveld, twee toppers met acht kampioens-titels op hun naam. Tijdens die les liftte Peter me hoog boven zijn schouders. Het was ineens alsof ik zweefde. Het was ineens alsof alles mogelijk was, ook dansen. Manager Marit filmde mijn eerste stijldansstapjes en was apetrots.

'Bart is gek,' zei ze stralend na de les. 'Je bent een natuur-talent.' Dit is waarom Marit mijn manager is: zij gelooft in mij.

Peter en Euvgenia zetten me weer met beide benen op de grond.

'Je heupen zijn aardig stijf,' zei Peter. 'Maar je laat je gelukkig wel leiden.'

'De competitie zal moordend zijn,' waarschuwde Euvgenia me. 'Je zult heel, heel hard moeten trainen. Maar het is niet hopeloos. Je kunt het leren. En het grootste voordeel: jouw niveau is zo laag dat er bij jou veel vooruitgang mogelijk is. Je kunt groeien. Dat is leuk voor het programma.'

'Waar moet ik tekenen?' vroeg ik Marit. Ze wees me de stippel-lijn.

Uit je comfortzone

Ik heb meegedaan aan *Dancing with the Stars*. Het was een avontuur om nooit te vergeten. Voordat het programma begon, wist ik dat de kans dat ik de finale zou halen klein was. Immers: ik ben een vijftigplusser. Mijn beroep is schrijver. Schrijvers doen hun werk zittend, altijd in dezelfde houding. Daarnaast heb ik geen enkele ervaring of affiniteit met dansen. Bij de drie zumbaklasjes die ik ooit deed, was ik degene die naar links sprong, terwijl de rest rechts afsloeg. Ten slotte: ik heb nauwelijks gevoel voor ritme.

Hoewel dit meer dan genoeg redenen zijn om níét deel te nemen aan een dansprogramma, wuifde ik alle bezwaren weg en stortte me er vol in. Want ook ik ben een kind van deze tijd. Kinderen van deze tijd denken dat alles mogelijk is, als je maar doorzet. Dat inspanning loont. Dat opgeven geen optie is. Wie uit zijn comfortzone stapt, oogst louter bewondering en lof. Het is heilzaam, verbreedt je horizon, je komt er als herboren uit.

Tot zover de theorie. Nu de praktijk.

Acht weken lang trainde ik me het schompes met mijn professionele danspartner Bernard. We brachten zo'n honderdvijftig uur op de dansvloer door. Met eindeloos geduld probeerde Bernard me de chachacha te leren. Dat bleek lastig. Dansen betekent niet alleen de juiste stappen zetten. Dansen betekent dat elke spier, elk onderdeel van je lijf mee moet doen. Je tenen, vingers, nek, benen, armen, hoofd: alles dient op een bepaalde manier te bewegen, en die beweging wisselt voortdurend. Het is onvoorstelbaar lastig, vooral als je spieren alleen gewend zijn aan lopen, fietsen en een beetje tennissen.

Mijn hoofd raakte al snel in een permanente staat van paniek. O god, die arm moet daar. O hemel, dat been moet gestrekt. O shit, mijn hand hangt op halfzeven. Mijn hals is niet gestrekt. Ik moet nu naar links draaien. O nee, naar rechts.

'Ik ga de choreo uitschrijven,' zei ik tegen Bernard. 'Wil jij me helpen? Misschien kan ik het dan beter onthouden.'

We appten elkaar cryptische teksten, die alleen wij begrepen.

Heleen: 'Oké, dus bij de New Yorker gestrekt rechterbeen, linkerbeen in knieholte [samen] (2,3). En dan: terug via linkerbeen tegenover elkaar (4,1).'

Bernard: 'Ja. En dan doe je 2 x twist gebogen rechterbeen snel alleen, terwijl je blijft kijken naar het publiek (2,en,3,en,4,en,1). Dan spiroll met rechterbeen voorlangs onder mijn arm door (2delay, 3stepturn).'

Na acht lange weken had ik de snelle, lastige choreo onder de knie. Bij de live-uitvoering stond ik stijf van de zenuwen, desondanks probeerde ik zo veel mogelijk te stralen. Want ook dat is een must bij dansen: al breek je twee benen, je blijft lachen. 'Jullie leken het leuk te hebben, maar voor ons zag het eruit als een worstelwedstrijd,' oordeelde Dan Karaty. De jury 'beloonde' onze inspanning met dikke onvoldoendes: twee drieën, een vier en een vijf. Een week en een Engelse wals later werden we weggestuurd, als eerste van alle dansparen.

Ik was opgelucht, maar ook teleurgesteld en boos. Boos omdat ik beter had moeten weten. Teleurgesteld omdat ik gefaald had. En omdat ik alle onzin die mensen elkaar wijsmaken had geloofd. Nee, de aanhouder wint niet altijd. En oefening baart niet per se kunst. Trouwens, je comfortzone is een superfijne plek en daarbuiten bevindt zich de hel. Het is veel bevredigender om dingen te doen die je beheerst dan succes proberen te boeken met iets wat je niet kunt. Het allerbelangrijkste: opgeven is wél een optie. Als de ellende je te veel wordt, mag je stoppen en daar hoef je je niet voor te schamen. Dit alles heb ik geleerd dankzij *Dancing with the Stars*. Alleen de chachacha kan ik nog steeds niet.

Klatergoud

De zon schijnt op de boulevard van Oostende in België. Ik schrijd over het brede trottoir, gehuld in een stakke kokerjurk en op hoge hakken, geflankeerd door Bart en de directeur van Filmfestival Oostende. We worden gevolgd door een Belgische pr-dame. In de verte doemt een met dranghekken afgezette plek op, waar genodigden, fotografen, cameramensen, fans en nieuwsgierige voorbijgangers op ons wachten.

Ik word door de hekken geleid en toegesproken door de festivaldirecteur en gastheer Rick de Leeuw. Blozend luister ik naar hun lovende woorden. Er ligt een hoopje zand op de boulevard; daaronder bevindt zich een marmeren plaat met daarin een ster gegraveerd en mijn naam in gouden letters. Rick overhandigt me een bezem om het zand weg te vegen. Als de gouden ster tevoorschijnt komt, klinkt er applaus. Er is champagne, camera's flitsen. Stralend proost ik met de festivaldirecteur, Rick, Bart en de genodigden. De Vlaamse omroep VTM wil een quote van me, ik deel handtekeningen uit. *A star is born.*

Hoe anders was alles een uur eerder, toen ik me in de spoelbak van een Belgische kapsalon bevond. Je vertonen als een ster heeft altijd meer voeten in de aarde dan je denkt. De juiste kleding, schoenen, haar, make-up: alles moet in orde zijn. Jurk en hakken had ik bij me, voor de visagie zou ter plekke worden gezorgd. Onder begeleiding van twee medewerkers van het Filmfestival werd ik meegetroond naar een kapsalon in Oostende. Het was een klein, krap zaakje. Bij binnenkomst zag ik twee vrouwen. De ene, een blondine, zat in de stoel met een kapmanteltje om. De ander zette haar net in de verf. De blondine veerde op uit haar stoel, met kapmantel en al. 'Ga zitten!' Ze gebaarde naar de spoelbak in een hoekje naast een ladekast. 'Ik kom zo bij je.'

Ze ging weer terug naar haar stoel, de rest van haar uitgroei werd behandeld. Blijkbaar was de blondine bazin en klant tegelijk. Ik wachtte geduldig. Na tien minuten kwam ze bij me terug, nog steeds gekapmanteld en in de haarverf. 'Doe je hoofd maar achterover,' zei ze. Ze rommelde in de la, haalde er iets uit en smeerde dat op mijn gezicht. Ze liep weer terug en deed hetzelfde. Dit herhaalde zich een paar keer. De doorgang tussen de spoelbak en de ladekast was nauw. Het oogde allemaal heel onhandig. 'Zal ik bij de spiegel gaan zitten?' probeerde ik. Mijn nek deed zeer en ik zag niks. Nee, dat was niet nodig. Ik kreeg de indruk dat ze tamelijk lukraak bezig was, en die indruk werd versterkt toen ze op zeker moment een watje pakte en hardhandig onder mijn ogen wreef om iets te verwijderen. Tot slot kwam ze aanzetten met een poederdons die rook alsof ze hem voor het laatst had gebruikt op het gezicht van haar grootmoeder, na diens overlijden. Intussen keuvelde ze aan één stuk door. Of we haar Facebookpagina wel hadden geliket, dat ze morgen jarig was, dat ze vorig jaar een zoen had gehad van Pierce Brosnan. Dat ze lid was van Oostende City Girls.

Voor ik wegging moest ik op de foto, want die kon ze op haar pagina plaatsen. De pr-dame zei dat ik er prachtig uitzag – ze was niet voor niets een pr-dame – maar Bart schrok toen hij me zag. 'Je bent helemaal oranje, onder je ogen is het zwart en je nek is spierwit.'

Ik rende naar de badkamer, nam de schade op, haalde alles eraf, smeerde er zelf wat op en haastte me naar de boulevard voor mijn zegetocht. Mijn haar zat goed, dat moest ik de blondine nageven, maar de wind had vrij spel, dus ook dat duurde niet lang.

Wie maakt me los?!

Ik sta op de erotiekbeurs Loversland in de Brabanthallen. Het is mijn eerste keer. Organisatoren Bobbi Eden en haar man Mark hebben me uitgenodigd. Bezoekers mogen met me op de foto en kunnen *Sexdagboek* laten signeren. Met een pen in de aanslag posteer ik me achter een statafel vol boeken. Naast me prijkt een enorme banner met daarop de cover van *Sexdagboek*, voor het geval de beursgangers mij over het hoofd zien.

Signeren is een lastige onderneming, zeker in een drukke hal boordevol kramen. Vorig jaar stond ik op de 50PlusBeurs tussen de elektrische fietsen, relaxfauteuils en multifocale brillen. Nu sta ik tussen vibrators, rubberen jurken en zweepjes. Aan mijn linkerkant is het hoofdpodium waar erotische acts worden opgevoerd. De concurrentie is groot. Als schrijver probeer ik altijd enig decorum te behouden, maar de marktkoopvrouw in me wil zoveel mogelijk boeken verkopen. Het liefst zou ik het uitschreeuwen: 'Versgedrukte Sexdagboeken! Wie maakt me los?!'

Het publiek komt in een gestage stroom voorbij. Ik kijk mijn ogen uit. Neem de paard-en-wagen. Het 'paard' is een man in zijn blootje, ingespannen voor een koets die wordt bestuurd door een muizige, grijze dame die je eerder op de 50PlusBeurs zou verwachten. Hij heeft een heuse paardenstaart boven zijn kont, een bit in zijn mond en een pluim op zijn hoofd en hij stampt voorbij in grove zwarte laarzen. Bij elke stap trekt hij zijn knie hoog op. Aparte lui, ze komen wel drie keer langs, maar lijken totaal niet geïnteresseerd in hun omgeving. Ook niet in mijn boek.

Op het podium probeert een fors geschapen Jamaicaanse stripper twee vrouwen uit het publiek op te geilen. Dat blijkt lastig. De vrouwen zitten verstijfd op hun stoel. Ze kijken alsof ze oog in oog staan met een horrorclown in plaats van een gespierde adonis. Pas als de man met zijn halfharde geslacht op het hoofd van de rechterdame begint te drummen, breekt een voorzichtig lachje door.

Als de show voorbij is, begint het bij mijn stand eindelijk te lopen. Mensen willen met me op de foto en kopen mijn boek. Een lief Belgisch koppel vraagt of ze kunnen pinnen. Dat kan. 'Dit is voor het eerst dat ik een boek signeer voor twee naakte mensen,' merk ik op.

'Allez,' zegt de man. 'Voor alles moet een eerste keer zijn.'

Na de Belgen volgt een vrouw die met me op de foto wil. Ze heeft een slokje te veel op en hangt zwaar over mijn schouder. Haar vriend neemt de foto. 'Mooi. En nu zoenen!' roept hij verlekkerd.

Ze brengt haar gezicht dicht bij het mijne. 'Zullen we?' vraagt ze.

'Nee!' zeg ik ontzet.

'Waarom niet? Jij bent toch zo'n wilde?' vraagt haar vriend verontwaardigd.

'Wil je een trio dan? Hij is heel lekker, hoor,' prijst zij hem aan.

'Wil je een boek?' vraag ik. 'Ik heb meer klanten.'

'Liever zoenen,' lispelt ze.

Ik maak me van haar los.

Een moeder en dochter – opgespoten lippen, doorschijnend truitje, minirok, laarzen, hoogblond – vragen mijn advies over een seksspeeltje. 'Ik heb nog nooit een orgasme gehad,' biecht de dochter op. 'Denk je dat het met de Womanizer wel gaat lukken?'

'Ik hoop het voor je. Als het daarmee niet lukt, weet ik het ook niet meer,' zeg ik eerlijk. 'Maar het zit ook tussen je oren, hè? Je moet je durven laten gaan...'

De moeder knikt. 'Koop hem nou maar.' Iedere moeder wil het beste voor haar kind.

'Willen jullie ook een boek?' probeer ik.

'Nee, we houden niet van lezen.'

Arm in arm lopen ze weg.

'De LAATSTE exemplaren! Wie maakt me los?!'

Een eigentijdse femme fatale

Speech ter gelegenheid van de opening van de expositie *Drie Fatale Vrouwen* in het Louis Couperus Museum in Den Haag:

Geachte aanwezigen,
Waarschijnlijk zou ik op dit moment moeten zeggen dat ik vereerd ben om hier te mogen staan.
Het zou me ongetwijfeld sieren als ik hieraan zou toevoegen dat ik niet alleen vereerd, maar ook dankbaar ben dat de Stichting Louis Couperus Museum me heeft uitgenodigd om de expositie *Drie fatale vrouwen* te openen.
Ben ik vereerd, dames en heren? Ja en nee.
Dankbaar? Hoezeer het me ook spijt, ik kan het op dit moment niet ten volle beamen, maar hier kom ik later op terug.
Eerst iets anders. Wellicht bevinden zich in dit gezelschap één of meer literatuurliefhebbers die zich afvragen of ik voordat ik dit museum betrad ooit een letter van Louis Couperus heb gelezen. Laat ik het op de man af vragen: wie van u denkt dat ik het complete oeuvre van wijlen mijn collega Couperus tot me heb genomen?
Steek even uw hand op.
...

En wie van u denkt dat ik op z'n minst het meest bekende werk van Louis heb verslonden – ik bedoel uiteraard zijn evergreen *Eline Vere*?

...

Degenen onder u die hun hand wijselijk in hun zak hebben laten zitten, hebben gelijk. Ik heb Couperus niet gelezen, zelfs *Eline Vere* niet. Ik heb daar geen enkel excuus voor, noch vertoon ik enig spoor van berouw.

Voor de goede orde: natuurlijk is het door me heen geschoten om het voor deze gelegenheid alsnog te doen. De uitnodiging heeft me er zelfs toe bewogen om mijn persoonlijk assistent te vragen zich met gezwinde spoed naar de boekhandel te begeven om een exemplaar van zijn klassieke roman over een jonge vrouw die worstelt met het leven aan te schaffen, een taak die zij direct en vol toewijding heeft volbracht, maar toen ik de lijvige pocket eenmaal in handen had, zuchtte ik diep en dacht: neen.

Wat een hypocriet zou ik zijn om nu ineens aan Couperus te beginnen. De beste man is al bijna een eeuw dood en tot nu toe heb ik hem geen seconde gemist. Daarenboven: de heer Couperus heeft ook nog nooit een letter van mij gelezen, en laten we eerlijk zijn: dat heeft hem gedurende zijn literaire carrière geen strobreed in de weg gelegd.

Terug naar het begin. Om heel eerlijk te zijn ben ik eerder een tikje beledigd dan vereerd. Laat dat 'tikje' bij nadere beschouwing maar weg – ik ben tot op het bot beledigd, als ik me deze literaire overdrijving mag permitteren. Boos ben ik, woedend, zeg maar gerust: zwaar ontstemd.

U proeft het misschien al: woorden schieten tekort om mijn huidige gemoedstoestand te omschrijven. Dit gebeurt wel vaker als ik aan het werk ben, en in dergelijke gevallen biedt www.synoniemen.net mij doorgaans de helpende hand. Als u precies wilt weten hoe ik mij voel, dan is dat aangebrand, gebelgd, gekwetst, gepikeerd, geraakt én verbolgen. Het is dat ik mijn emoties doorgaans redelijk in bedwang heb, maar het liefst zou ik hier zwaar schuimbekkend voor u staan te fulmineren, ware het niet dat dat ongepast zou zijn.

Misschien ben ik u op dit punt van mijn verhaal enige uitleg verschuldigd. Graag vertel ik u waarom het voelt alsof Louis Couperus *himself* mij tot in diepst van mijn ziel heeft gekrenkt, alsof hij een mes in mijn hart heeft gestoken en dat niet één, maar zeker twee tot drie keer heeft omgedraaid, mij bloedend en voor dood achterlatend.

Dat komt door een zinnetje.

Eén zinnetje uit de uitnodigende brief die mijn persoonlijk assistent over deze tentoonstelling ontving. Een brief die ik haastig las – te haastig misschien. Mijn ogen vlogen naar de woorden 'Couperus', 'Museum', 'expositie openen', en ik was verkocht. Ik was gelijk om, ik was dermate vereerd en dankbaar dat mij werd gevraagd een zo prestigieuze tentoonstelling op een bijkans heilige plek te openen dat ik geen seconde aarzelde. Direct en volmondig schreeuwde ik het uit: ja, ik wil!

Eén zinnetje zag ik in mijn ijdele enthousiasme over het hoofd. Gif speelt in deze expositie een rol; het wordt tentoongesteld in de vitrines achter u. Het zinnetje dat ik miste, zou je als een giftig zinnetje kunnen beschouwen, hoewel ik geenszins zou durven beweren dat er in dit geval sprake was van kwade opzet, laat staan karaktermoord.

Het zinnetje luidde als volgt: 'Denkt u dat Heleen van Royen in haar functie van eigentijdse femme fatale ons de eer zou willen doen deze expositie te openen?'

Ik herhaal het, opdat u het even goed tot u laat doordringen: 'Denkt u dat Heleen van Royen in haar functie van eigentijdse femme fatale ons de eer zou willen doen deze expositie te openen?'

Dames en heren, ik heb vele functies gehad in mijn leven. Ik heb achter de kassa gezeten bij Dirk van den Broek, ik ben receptioniste geweest bij dakdekkersbedrijf Kroom uit Amsterdam, ik heb telefonisch marktonderzoek gedaan voor Bureau Interview van Maurice de Hond, ik ben verslaggever geweest voor Radio Noord-Holland, redacteur bij de kabelkrant van *Haarlems Dagblad*, freelancer voor diverse vrouwenbladen waaronder *Yes!*, *Cosmopolitan*, *Marie-Claire* en *LINDA.*, columnist van *Groter Groeien*, *Het Parool* en magazine *VROUW* van *De Telegraaf*; daarnaast ben ik echtgenote en moeder van twee kinderen, hoewel ik niet zeker weet of dit functies of simpelweg gegevens zijn. Op basis van al deze functies en ex-functies had de Stichting Louis Couperus mij kunnen uitnodigen, maar dat gebeurde niet. Mij werd specifiek gevraagd om deze tentoonstelling te openen in mijn functie van eigentijdse femme fatale, een functie die ik niet bekleed, waarnaar ik nimmer heb gesolliciteerd, die nergens officieel staat vermeld, behalve in het persbericht dat het Louis Couperus Museum fluks de wereld in stuurde nadat ik in mijn eerste opwelling 'ja' had geroepen.

Dit zinnetje heeft mij geraakt, dat zal u inmiddels duidelijk zijn. Het heeft een diepgeworteld ongenoegen aangeboord, een ongenoegen dat zich op dit moment middels deze literaire eruptie een weg naar buiten probeert te vinden.

Laten wij het gewraakte zinnetje eens fileren. Ten eerste rijst de vraag of femme fatale een functie is. In feite heb ik deze vraag al beantwoord. In mijn optiek is het geen functie; het is een kwalificatie die doorgaans door anderen aan een vrouw wordt toegedicht, of zij dit nu wil of niet. Blijft over: de eigentijdse femme fatale.

Wat moeten wij ons daarbij voorstellen? Is er zoiets als een ouderwetse en een moderne femme fatale, en wat is dan het verschil tussen die twee?

Bij een ouderwetse femme fatale denk ik aan de sirenen die het Odysseus zo lastig maakten, aan Cleopatra, Mata Hari, Marilyn Monroe en niet te vergeten Marlène Dietrich. Ik neem aan dat deze dames geen nadere toelichting behoeven.

Bij een moderne femme fatale kom ik algauw uit bij Anna Nicole Smith. U kent haar misschien wel. Zij is de rondborstige blonde ex-Playmate die in 1994 op zesentwintigjarige leeftijd met een negenentachtigjarige miljardair trouwde – een huwelijk dat destijds voor enige beroering zorgde. In de media en in de naaste omgeving van de miljardair werd hardop getwijfeld aan de oprechtheid van Anna's liefde voor haar hoogbejaarde aanstaande. Anna beweerde dat ze zielsveel van hem hield, maar toen hij een jaar later overleed, bleken zijn volwassen kinderen uit een eerdere relatie nog niet overtuigd. Zij spanden een rechtszaak tegen Anna aan om te voorkomen dat zij er met de erfenis vandoor zou gaan – een zaak die zich tot in lengte van dagen voortsleepte, zoals dergelijke zaken in de VS dat nu eenmaal doen.

Anna raakte na de dood van haar man zwanger van een tweede kind; vóór haar huwelijk met de miljardair had ze al een zoon gebaard, die inmiddels twintig jaar was. Daags na de geboorte van het kind – een meisje – kwam Anna's zoon naar zijn moeders kraambed om zijn zusje te bewonderen.

Hij was amper binnen of hij zeeg ineen en stierf; de doodsoorzaak was naar verluidt een overdosis methadon en antidepressiva.
Vijf maanden later volgde Anna haar zoon in de dood. Ook zij overleed aan een overdosis. Ze had te veel pijnstillers en antidepressiva genomen, zo klonk het. Van kwade opzet zou geen sprake zijn. Het dochtertje bleef alleen achter. Verschillende mannen, onder wie prins Frederic von Anhalt, de man van Zsa Zsa Gábor, beweerden haar vader te zijn. De erfenis van de miljardair was op dat moment nog steeds niet definitief verdeeld. Een DNA-test bood uitsluitsel. Prins Frederic was het niet, Anna's advocaat was het ook niet. Het was een fotograaf, die zich inmiddels over het meisje heeft ontfermd.
Dankzij Anna's geschiedenis komen we tot de kern van mijn betoog. Anna werd gezien als een femme fatale, maar is zij dat eigenlijk wel? En zo ja, zijn Eline Vere, Anna Karenina, Emma Bovary en ik dat ook?
Volgens Van Dale is een femme fatale: een fatale vrouw, die mannen in het ongeluk stort.
Een zinnetje dat pijn doet, dames en heren. Als de Stichting Couperus Museum de Van Dale serieus neemt – en ik neem aan dat zij dit doet – dan zijn Eline, de twee Anna's, Emma, ik en god weet hoeveel andere vrouwen gestigmatiseerd, gebrandmerkt. Wij zijn gereduceerd tot wezens die louter afschuw opwekken. Als ik mijn functieomschrijving voor deze middag serieus zou nemen, zijn de rapen helemaal gaar. Dan dien ik hier niet te spreken, maar een aantal mannen in het ongeluk te storten. Ik weet niet welke mannen, ik heb hieromtrent geen duidelijke instructies meegekregen. Mochten er vrijwilligers zijn, dan stel ik voor dat u zich in rotten van drie opstelt bij de vitrines met vergif.

Deze expositie verbeeldt het leven van drie fatale vrouwen: Eline, Anna en Emma. Als ik de strekking van hun geschiedenis echter goed begrijp, zijn ze stuk voor stuk niet zozeer fataal voor anderen, maar vooral voor zichzelf. Eline neemt een overdosis morfine en sterft, Anna werpt zich voor de trein en sterft, en Emma neemt arsenicum en sterft.

Welke andere fatale vrouwen krijgt u nu op uw netvlies? Anna Nicole Smith misschien. En wat te denken van mevrouw Monroe?

Eline, Anna en Emma zijn geen fatale vrouwen, het zijn tragische heldinnen – dit in een, ik zou haast zeggen flagrante tegenstelling tot de heldinnen uit mijn oeuvre.

Laten we mijn dames er in onze verbeelding even bij pakken. Kent u ze? Lea uit *De gelukkige huisvrouw*, Diana uit *Godin van de jacht*, Julia uit *De ontsnapping* en Victoria uit *De mannentester*. Lea krijgt een kind, wordt knettergek, verliest zich in rouw om haar vader, die zelfmoord pleegde toen ze dertien was, maar herpakt zich. Diana heeft een tweeling, twee minnaars en een echtgenoot, raakt zwanger, weet niet van wie, laat de vrucht aborteren en herpakt zich. Julia verlaat haar man en kinderen voor een tijdelijke ontsnapping. De geest van haar jonggestorven broer reist met haar mee, hij moedigt haar aan alles te doen wat zij hem op zijn sterfbed heeft beloofd. Als ze terugkomt, heeft haar man een ander, maar zij herpakt zich. Ik zou deze heldinnen niet een-twee-drie als tragisch omschrijven. Fatale vrouwen zijn het echter ook niet, als we de Van Dale mogen geloven.

Victoria, de heldin uit mijn meest recente boek, verdient extra aandacht. Op de flaptekst heb ik haar zelf omschreven als een zevenentwintigjarige femme fatale. In mijn zoektocht naar haar ware aard heb ik toen ik haar creëerde een meer hedendaagse bron geraadpleegd. De online encyclopedie Wikipedia hanteert de volgende definitie: 'Een femme fatale is een vrouw die haar schoonheid en seksualiteit gebruikt om mannen te verleiden en in het ongeluk te storten c.q. haar eigen geluk te vergroten. Een femme fatale is vaak stijlvol, arrogant, sterk, seksueel onafhankelijk, intelligent en heeft een laag beeld van mannen. Ze zal er alles aan doen om de situatie onder controle te houden.' Victoria uit *De mannentester* voldoet in grote lijnen aan deze omschrijving. Ze minacht mannen, laat zich inhuren om hen te verleiden en straft hen als dat haar lukt. Maar ook zij, zelfs zij, hunkert diep vanbinnen naar liefde. Ook zij brengt zichzelf uiteindelijk meer schade toe dan haar slachtoffers. Ze eindigt tamelijk eenzaam in de gevangenis. Zichzelf opknopen komt echter niet in haar hoofd op.

De heldinnen uit mijn boeken geven zich nooit gewonnen. Het zijn eigengereide doorzetters, die de handdoek nimmer in de ring gooien, zich niet voor de trein werpen of zich vergrijpen aan gif. Het zijn vrouwen die met het leven worstelen; dat hebben ze met Eline, Anna en Emma gemeen. Dat doen ze met wisselend succes, met vallen en opstaan, net zoals de meeste vrouwen – en ook ondergetekende, ik geef het toe.

Ik hecht er sterk aan te vermelden dat het géén zielige, zwakke, soms zelfs onnozele wezens zijn, zoals mijn mannelijke literair voorgangers vrouwen zo graag omschrijven. Ik hecht er sterk aan te vermelden dat ze zich niet alleen laten leiden door hun grillige, emotionele natuur en dat hun seksualiteit níét hun enige wapen is. Mijn heldinnen hebben meer in huis. Ze hebben iets waarop ze altijd kunnen terugvallen. Iets dat mannen ook schijnen te hebben. Het heet hun verstand.

Geachte aanwezigen, na me er grondig in te hebben verdiept, durf ik de stelling aan dat de femme fatale niet bestaat. En als zij al bestaat, dan is ze een spookbeeld, een projectie van angsten van mannen én vrouwen. Het treurige nieuws is dat dat spookbeeld nooit zal verdwijnen. Elke dag, elke eeuw weer, zullen er vrouwen zijn die het stempel 'fataal' opgedrukt krijgen, om daar nooit meer vanaf te komen.

Ik verzet me tegen dat spookbeeld.

Voor u staat geen femme fatale. Het zal wellicht als een schok komen, maar hier staat een schrijver. Een auteur die net als Couperus, Tolstoj en Flaubert romans schrijft over vrouwen die worstelen met het leven. Dat ik me beter dan mijn drie overleden collega's kan inleven in de diepste zielenroerselen van vrouwen, durf ik u op een briefje te geven. Of het nu gaat om relaties, familie, het baren, opvoeden, aborteren of verlaten van kinderen, ik sta dichter bij de bron. Immers: ik ben de bron. Of mijn romans klassiekers worden, net zoals die van Louis, Leo en Gustave, zal de tijd leren. *De gelukkige huisvrouw* is inmiddels aardig op weg.

Dank u wel voor uw aandacht.

Vaderdag

Je hebt mijn eerste ongesteldheid gemist.
Je hebt mijn eerste vriendje gemist.
Je hebt mijn diploma-uitreikingen gemist.
Je hebt mijn eerste auto gemist.
Je hebt mijn eerste huwelijk gemist.
Je hebt mijn tweede huwelijk gemist.
Je hebt je eerste kleinkind gemist.
Je hebt mijn eerste psychose gemist.
Je hebt je tweede kleinkind gemist.
Je hebt mijn eerste roman gemist.
Die gaat over jou.
Je hebt mijn eerste film gemist.
Die gaat over mama.
Je hebt verjaardagen gemist.
Je hebt Vaderdagen gemist.
Je bent data geworden.
Je geboortedag en je sterfdag staan in steen gebeiteld.
Ze lijken een begin en een einde te markeren.
Ik weet beter.
Je zou in december 2021 honderd jaar worden.
Maar je wordt geen honderd.
Je werd geen zevenenvijftig, je blijft zesenvijftig.
Ik mag stoppen met tellen.
Je genen hebben mij gedefinieerd.

Je zelfmoord heeft mij gedefinieerd.
Je afwezigheid heeft mij gedefinieerd.
Ik heb jouw eerste begrafenis gemist.
Er heeft zich tussen ons meer niet afgespeeld dan wel.
Maar ook een vader die er niet was kan heel aanwezig zijn.
Je bent er altijd en zal er altijd zijn.
Ik heb jouw eerste begrafenis gemist.
Bij de tweede was ik er wel.

Mijn moeder bemoederen

Ik zit bij mijn moeder op de bank. We voeren het gesprek dat we elke week voeren.

'Hoe gaat het met je, mam?'

'Het kan beter. Mijn been doet pijn. Lopen gaat moeilijk. Heel moeilijk. Maar dat krijg je op mijn leeftijd. Ik word vijfentachtig dit jaar. Wat wil je?'

'De pijn komt uit je heup. Je heup is helemaal versleten.'

'Het is mijn been.'

Ik zucht. Het is haar rechterheup. Mijn moeder had zich kunnen laten opereren, maar dat wilde ze niet. Bij het vernieuwen van haar linkerheup een paar jaar geleden trad een complicatie op. Haar nieren reageerden slecht op de ontstekingsremmer die ze na de operatie moest slikken, ze werd hartstikke beroerd. Ze bezwoer dat ze haar andere heup niet zou laten vervangen, ze wilde deze ellende niet nog een keer meemaken. Hoe vaak ik haar ook verzekerde dat ze de ontstekingsremmer heus niet nogmaals zou krijgen, ze hield stand. Geen operatie meer. Dan maar geen nieuwe heup.

Nu slikt ze de hele dag pijnstillers. En nog heeft ze zoveel last dat ze amper van de bank af komt. Ze woont op zichzelf. Hoe ze dat doet, is een raadsel. Ze heeft een woning met een trap.

'Hoe is het met Ton?' vraagt mijn moeder.

Dat we al jaren gescheiden zijn, lijkt ze niet altijd te beseffen. Haar kortetermijngeheugen hapert nogal.

'Het gaat goed met hem,' antwoord ik. 'Hij is in Portugal.'

'O ja,' zegt ze. 'En heb jij nou een vriend?'

'Ja, ik heb een vriend.' Ze heeft Bart al verschillende keren gezien, maar hij beklijft niet.

'Hoe oud is hij?'

'Hij is achtentwintig.'

'Dat is wel heel jong, hè?'

'Ja, dat is jong,' beaam ik.

'Nou ja. Als jullie het maar leuk hebben samen.'

Ik snijd het onderwerp aanleunwoning aan. Ook dat is vaste prik. Ik vertel dat ik bang ben dat ze eerdaags van de trap zal vallen. Zij antwoordt dat ze het nog wel redt. Ik vertel dat ze niets zou hoeven te doen, dat de verhuizing helemaal kan worden geregeld. Zij zegt dat ze er nog niet aan toe is. Als ik er te lang over doorga, wordt ze boos.

'Kom je hier nou alleen maar langs om me de les te lezen?'

'Ik ben gewoon bezorgd over je.'

'Dat weet ik. Maar dat hoeft niet. Hoe gaat het met Ton? Hebben jullie nog contact?'

'Ja, mam.'

'En heb jij nou een vriend?'

'Ja, ik heb een vriend.'

Soms denk ik dat ik me meer druk maak over mijn moeder dan dat zij dat zelf doet. Ik vraag me af of en wanneer ik moet ingrijpen. Waar ligt de grens? In hoeverre mag een dochter haar moeder bemoederen? Ik kan een aanleunwoning voor haar regelen, maar wat als ze weigert te gaan?

'Als je valt, gaat het zeker mis. Dan beland je in een verpleeghuis, dat weet je, hè?' zeg ik dreigend. 'Dat zul je vreselijk vinden.'

Ze haalt haar schouders op.

'Dus je hebt een vriend,' vervolgt ze opgewekt. 'Hoe oud is hij?'

Nooit meer naar huis

'Ik moet plassen,' kondigt mijn moeder aan. 'Je moet me helpen.'

We bevinden ons in haar kamer op de revalidatieafdeling van een verzorgingstehuis. Mijn moeder is net geopereerd, ze heeft een nieuwe heup. Ze lijdt aan dementie en is na de operatie nog hulpbehoevender geworden dan ze al was.

Ik neem mijn moeder mee naar het aangepaste toilet op de gang.

'Doe mijn broek naar beneden,' commandeert ze me. Ik doe het en help haar op het toilet.

'Roep maar als je klaar bent,' zeg ik terwijl ik de gang weer op stap.

'Niet weggaan!' gilt ze. 'Je moet bij me blijven.'

'Oké,' zeg ik, ietwat ongemakkelijk. Ik schuif de deur dicht en blijf naast haar staan.

'Ik plas,' zegt ze.

'Dat hoor ik, mam.'

'Ik poep ook,' laat ze me daarna weten.

Geweldig.

'Ik ben klaar. Je moet mijn billen afvegen.'

'Dat kun je toch wel zelf?' probeer ik. 'Je bent aan je heup geopereerd, niet aan je handen.'

Tot ze begon te dementeren, deed mijn moeder alles zelf. Ze is een van de zelfstandigste vrouwen die ik ken. Zo heeft ze mij ook opgevoed: nooit hulp vragen, altijd eerst zelf proberen.

Sinds ze geestelijk achteruitgaat, kan ze steeds minder. Commanderen kan ze des te beter.

'Nee, ik kan het niet,' antwoordt ze boos. 'Veeg mijn billen af.'

Ik doe wat ze vraagt.

'En nu mijn broek ophijsen.'

Ook dat gebeurt.

Ze wil terug naar haar kamer. Daar moeten de gordijnen dicht. Helemaal dicht, er mag geen kiertje openblijven. Het licht moet aan. Nee, dat licht is te fel; het andere licht moet aan. De deur moet dicht. Ze wil op bed zitten. Ik hijs haar met veel moeite uit de rolstoel. Vijf seconden later zegt dat ze toch in haar stoel wil zitten. Ik help haar terug in de stoel. Haar schoenen moeten uit, want die knellen. Ze heeft het koud. Er moet een sjaal over haar benen worden gelegd. Ik moet de krant halen. 'De krant komt hier niet, mam.'

Een paar dagen later heb ik een zorgplanbespreking met de arts van het verpleeghuis.

'Uw moeder revalideert niet goed,' vertelt hij me. 'Ze heeft 24-uurs zorg nodig. Ze kan niet meer terug naar haar mantelzorgwoning bij u in de tuin. Ze dwaalt hier 's nachts door de gang en ze is al een keer gevallen. U moet een ander plekje voor haar gaan zoeken. Een veilige plek, met constant toezicht.'

Ik kan mijn tranen amper bedwingen. De mantelzorgwoning staat er pas een paar maanden. Mijn moeder zou haar laatste jaren bij mij in de tuin slijten. Het leek me zo fijn: ieder onze eigen vrijheid, maar toch dicht bij elkaar.

'Wat is er?' vraagt mijn moeder als ze mijn bedrukte gezicht ziet.

'De arts heeft gezegd dat je niet meer naar huis kunt.'

'O, dat is jammer,' zegt ze.

Er glijden tranen over mijn wangen.

'Niet huilen, Heleen,' troost mijn moeder me. 'Ik ben er nog steeds. Wat niet kan, dat kan niet. Wil je nu de gordijnen even dichtdoen?'

Het doet zo zeer

Op 5 januari 2015 werd bij mijn moeder beginnende dementie geconstateerd. Ze was toen vierentachtig jaar en woonde nog op zichzelf in een flat in Amsterdam. Ze ging niet meer naar buiten, sleet haar leven op de bank, kreeg amper bezoek en at alleen kant-en-klaarmaaltijden die ze opwarmde in de magnetron. Bewegen deed ze zo min mogelijk, omdat ze last had van een versleten heup. Bij elke stap kreunde ze het uit: het doet zo zeer, het doet zo zeer. Nadat de diagnose dementie was gesteld, besloot ik dat ik er alles aan zou doen om de laatste jaren van mijn moeder wat aangenamer te maken. Dit stuitte op groot verzet. Mijn moeder wilde zelfstandig blijven; ze wilde geen hulp, geen nieuwe heup, ze wilde niks. Het liefst wilde ze dood, liet ze herhaaldelijk weten: 'Iedereen wil oud worden, maar niemand wil het zijn. Onthoud dat, Heleen!'

Ondanks haar verzet bleef ik volharden in mijn missie. Mijn moeder redden werd een obsessie. De drang om dit proces vast te leggen volgde als vanzelf. Ik begon haar te filmen tijdens het mantelzorgen. Dat vond ze soms irritant, maar meestal vond ze het best. 'Wat jij in je kop hebt, heb je niet in je kont,' was haar nuchtere commentaar.

De documentaire is inmiddels af. Hij heet *Het doet zo zeer* en toont de reis die mijn moeder en ik hebben gemaakt. Het is een reis in etappes. Mijn moeder verhuisde van haar eigen flat naar een prachtige mantelzorgwoning bij ons in de achtertuin.

Vanuit de mantelzorgwoning moest ze naar het ziekenhuis voor een nieuwe heup. Van daaruit naar een revalidatiekliniek om weer te leren lopen. Ze zou terugkeren naar de mantelzorgwoning om daar haar laatste levensjaren te slijten, maar tot mijn grote verdriet ging dit niet. Moeder had 24-uurs zorg nodig en eindigde in een particulier verzorgingstehuis, waar ze nog steeds verblijft.

Is mijn missie geslaagd? Ik hoop van wel. Haar leven lijkt aangenamer: ze is nooit meer alleen, krijgt elke dag vers eten, is aangekomen en heeft minder pijn. Ze zegt niet meer dat ze dood wil, maar ze zegt sowieso steeds minder. 'Hè hè' – dat zegt ze vaak. En: 'Ik ben zo moe.'

In november werd mijn moeder zesentachtig jaar. Ze is de afgelopen jaren hard achteruitgaan en het knaagt aan me. Ik heb ingegrepen, omdat ik vond dat het niet langer kon. Door dat ingrijpen werd een zeer broos evenwicht verbroken. Ze dementeerde sneller dan ik had verwacht. Kwam dat door mij? Had ik het anders moeten doen? Haar niet moeten laten opereren? Haar langer in haar eigen omgeving moeten laten zitten? Op al deze vragen komt nooit antwoord. Ik heb gedaan wat mij het beste leek.

De première van *Het doet zo zeer* staat voor de deur. Mijn moeder zal het niet bewust meemaken: haar verplaatsen is een lijdensweg en voor televisiekijken heeft ze de concentratie niet meer. Wel herkent ze me nog. Ze lacht als ze me ziet. Ik kom zo vaak mogelijk. Onze band lijkt alleen maar sterker geworden. Ik hou zielsveel van haar, maar nu ben ik degene die prevelt: het doet zo zeer.

Maria, Johanna of Petronella

De eerste keer dat het gebeurt ben ik er niet op voorbereid. Een vrouw die *Het doet zo zeer* net heeft gezien, spot me achter in de bioscoopzaal, waar ik klaarsta voor een nagesprek met het publiek. Ze staat op, wurmt zich langs de andere bezoekers en haast zich naar me toe.

'Ik wil je bedanken voor deze film,' zegt ze plechtig, terwijl de tranen over haar wangen glijden. 'Ik wil dat op mijn eigen manier doen en daarom ga ik je nu omhelzen.' Ze wacht mijn reactie niet af, slaat haar armen om me heen en drukt me tegen zich aan.

'Ik heb in jouw schoenen gestaan,' klinkt het gesmoord. 'Mijn vader, mijn oma en een tante leden ook aan dementie. Het feit dat je jouw persoonlijke verhaal over je moeder hebt gedeeld betekent heel veel voor mij.'

Deze vrouw is de eerste, maar zeker niet de laatste die me huilend in de armen vliegt. Het gebeurt in tal van bioscoopzalen in Nederland waar *Het doet zo zeer* wordt vertoond. Bezoekers raken geëmotioneerd en komen na afloop naar me toe om me persoonlijk te bedanken. Ze hebben zelf ervaring met een aan dementie lijdende dierbare. Soms is diegene al overleden, soms is het proces nog gaande. Ze zijn blij dat ze hebben kunnen huilen, maar ook dat ze hebben gelachen. Ze voelen zich getroost.

'Je moeder is zo grappig,' hoor ik geregeld. 'En zo sterk! Hoe gaat het nu met haar?'

'Naar omstandigheden goed,' antwoord ik dan.

Mijn moeder woont in een verzorgingstehuis, vlak bij mij in de buurt. Er staat een heerlijke luie ligstoel in de huiskamer waar ze graag in zit. Ze herkent me nog en is altijd blij me te zien. Ik probeer te focussen op wat ze wel kan, niet op wat ze niet meer kan. We drinken samen koffie. We maken een puzzeltje. Ze geniet van muziek. Als er een optreden in het tehuis is, zingt ze uit volle borst mee.

Twee tot drie keer per week loop ik bij haar binnen. Laatst zat ze met twee medebewoonsters en een verzorgster aan tafel. Ze zijn elkaars namen aan het oefenen, maar een van de bewoonsters, een lief dametje met een spichtig gezichtje en een grote bril, weet haar eigen voornaam niet meer.

'Maria?' probeer ik.

Nee, die is het niet.

'Johanna?'

Doet ook geen belletje rinkelen.

'Petronella?'

Ze schudt van nee. We geven het op.

'Weet jij je voornaam eigenlijk nog?' vraag ik aan mijn moeder.

'Natuurlijk. Ik heet Margreet.'

Gelukkig, dat klopt.

De verzorgster staat op om iets te drinken te halen.

Ik keuvel nog wat met mijn moeder.

Na een paar minuten beginnen de ogen achter de grote bril op het spichtige gezichtje ineens te stralen.

'Ik weet weer hoe ik heet!' zegt ze. 'Adje. Dat is het. Ik heet Adje.'

Ik ben gewoon trots op Adje. Ze is blijkbaar blijven graven en heeft toch iets uit haar haperende geheugen weten op te diepen. 'Dan heet u voluit waarschijnlijk Adriana,' gok ik.

Ze knikt.

'Mooie naam, hoor,' zegt de andere bewoonster aan tafel. 'Heel mooi.'

Mijn moeder vindt Adje maar een rare naam en dat laat ze weten ook.

Ik roep de verzorgster om het heuglijke nieuws te melden dat Adje haar voornaam weer weet. 'Mooi zo,' zegt ze. 'We moeten blijven trainen.' Tevreden drinken we een kopje thee. Kleine stap voor de mensheid, maar een grote stap voor Adje. Dit is een mooie dag.

Jouw laatste adem

Het moment dat je stierf staat in mijn geheugen gegrift. Je ligt in bed in je kamer in het verzorgingstehuis in het nieuwe grijze nachthemd dat ik onlangs voor je heb gekocht. Je ademt moeizaam. Je wilt niet meer eten, niet meer drinken – al een paar dagen niet. Je kunt niet meer praten, niet meer staan, niet meer lopen – al een paar maanden niet. Twee herseninfarcten in het voorjaar hebben je flink achteruit doen gaan. Je herkent me nog – althans, daar ga ik van uit. Ik bezoek je zo'n beetje om de dag. Voor ik wegga maak ik altijd een foto van ons tweeën. Als we naar elkaar kijken via het scherm van mijn mobiel weet ik zeker dat je ziet wie ik ben. Je legt je hoofd tegen het mijne, soms kijk je me aan. Je kunt niet meer lachen, alleen nog maar knikken en nee-schudden, en zelfs dat wordt steeds minder. Maar elk gebaar zie ik, elke verandering in je mimiek, elke blik in je ogen. Elk moment geeft me hoop. Nee, vandaag kun je niet naar me zwaaien, maar morgen misschien wel. Nee, vandaag zie ik zelfs geen geringe glimlach, maar morgen misschien wel. Ik praat tegen je. Over ditjes en datjes. Dat ik je lief vind. Dat ik morgen weer langskom. Of overmorgen. Ik vraag of dat goed is. Je knikt.

Op de zondag dat je zult sterven, weet ik dat je tijd is gekomen. Ik ga naast je bed zitten en zeg dat ik niet meer weg zal gaan. Ik herinner je aan wat je vaak tegen me zei toen ik nog jong was. Als kind was ik panisch dat je zou overlijden. Eigenlijk heb ik daar mijn hele leven last van gehad. Jij zei altijd dat je niet dood zou gaan zolang ik je nodig had. Vandaag vertel ik dat ik je er niet langer aan zal houden. Dat je mag gaan. Dat ik het waarschijnlijk wel red zonder jou. Het is een leugentje om bestwil. Ik weet niet zeker of je me begrijpt, maar ik heb het gezegd. Ik pak je hand en streel je haar.

De huisarts komt. Hij zegt dat je niet lijdt. Dat de moeizame ademhaling erger oogt dan hij voor jou is. Hij schrijft een beetje morfine voor ter verlichting en vertrekt.

We zijn weer met z'n tweeën, zoals altijd. Je valt even in slaap. Ik pleeg wat belletjes met mijn linkerhand, terwijl mijn rechter de jouwe niet loslaat. Na twintig minuten word je weer wakker. Het moment is nabij, ik zie het. Ik breek mijn telefoongesprek af. Je ademhaling is veranderd; die is niet meer moeizaam en reutelend, maar traag en diep. Met mijn linkerhand hou ik je hoofd vast. Onze gezichten zijn dicht bij elkaar. Je kijkt me helder aan, bijna vragend. Je zucht een paar keer diep – steeds dieper. Ik zie dat je aan het vertrekken bent. Ik zeg dat het goed is, dat ik van je hou, en blijf dat herhalen tot je je laatste adem uitblaast.

Nadat je bent gestorven, leg ik mijn hoofd in je schoot. 'O mama, o mama' is het enige wat ik kan uitbrengen. Oneindig dankbaar dat je niet alleen was op dit moment. Ontroostbaar, omdat je er niet meer bent.

De dag dat ik mijn vader en moeder begroef

'Weet je wat haar wensen waren?' vraagt Clemens.

Het is zondag 15 juli 2018. Mijn moeder is om tien voor halfzes 's middags in mijn armen overleden. Clemens is diezelfde avond naar verpleeghuis Zonnestraal gekomen om haar te verzorgen en met mij en Olivia de uitvaart op touw te zetten.

Clemens is mijn uitvaartman. Ik heb een klusjesman, een tuinman, een juridische man en een belastingvrouw. Ze zijn me allemaal dierbaar, maar Clemens heeft een speciaal plekje in mijn hart sinds hij me uit de brand hielp toen de moeder van Ton overleed. We bevonden ons op dat moment met het hele gezin in Thailand – dat zul je altijd zien. Het was Kerstmis, snikheet, en ik bracht uren door bij de 'receptie' (lees: houten hut) van ons resort om zwetend en half huilend onze vluchten te verzetten en de uitvaart te regelen. We woonden in Portugal, de crematie zou in Nederland zijn, we bevonden ons op Koh Chang, een paar uur varen van het vasteland – het was ingewikkeld. Het Thaise wachtmuzickje van KLM kan ik nóg horen: een zangerige, ijle vrouwenstem die iets zong over een deur die open- of dichtging. Er was geen Shazam. Ik heb het liedje nadien lang gezocht, maar nooit gevonden.

De nog levende schoonzus van mijn schoonmoeder had me getipt: je moet Clemens Bouwens hebben, die is goed. En dat was hij. Het was de eerste uitvaart die ik regelde en hij loodste me er kalm, doch vastberaden doorheen. Een rechtschapen, betrouwbare man. Imposant ook, lang en breed, met een ouderwets gezicht en het perfecte postuur voor een lange jas met een hoge hoed. Precies wat je nodig hebt in tijden van rouw. Hij regelde een rozenkrans, die ik om mijn schoonmoeders handen draaide toen we eenmaal in Nederland waren.

'Dank voor alle goede zorgen. Jij mag voortaan al onze begrafenissen doen,' zei ik na afloop van de plechtigheid. 'De mijne ook.'

Nu we afscheid moesten nemen van mijn moeder was Clemens degene die ik belde.

'Ze wilde begraven worden,' antwoord ik. 'Dat weet ik zeker.'

'Weet je ook waar?' vraagt Clemens.

'Sint Barbara,' zeg ik aarzelend. Het is de eerste naam die in me opkomt. 'Het is ergens in Amsterdam-West. Kan dat?' Mijn moeder heeft het me ooit verteld en ik heb het toen opgezocht in het Amsterdamse stratenboekje, dat kleurige boekje met spiraalband, want daarmee vond je vroeger de weg.

'Dat kan,' zegt Clemens. 'Het is een mooie, kleine begraafplaats.'

'Dan wilde ze daarnaartoe,' zeg ik.

'Ga ik regelen.'

Clemens reikt naar zijn tas.

'Nu komen de mappen,' fluistert Olivia.

En inderdaad, daar kwamen de mappen. Clemens legt ze op tafel.

Er is een map voor de bloemen, een map voor de kaarten en een map voor de kisten. Mijn voornemen was om het simpel te houden. Mijn moeder is zevenentachtig jaar geworden. Ze hield niet van opsmuk.

Olivia bladert door de kisten.

'Kijk eens, mam,' zegt ze. 'Je kunt de kist ook met stof laten bekleden. Een katoenen stof met een print.'

Zoiets maakt een kist wel een stuk vriendelijker, vinden we. Olivia en ik gaan geroutineerd door de opties heen, zoals we zo vaak hebben gedaan bij de vele winkelrekken die we in ons leven troffen.

'Deze is het mooist,' zeggen we eendrachtig. 'Een natuurprint. Past precies bij oma.'

Onze favoriete kist is bekleed met een roomwitte stof met frêle bladeren in beigetinten en grijswitte pluizenbollen van paardenbloemen. De binnenbekleding is van ongebleekt gewatteerd katoen en ziet er comfortabel uit.

'Doe die maar,' zeg ik tegen Clemens zonder naar de prijs te informeren.

'Wat leuk. Het is de eerste keer dat ik deze kist verkoop,' antwoordt hij opgewekt.

Ik durf nog steeds niet naar de prijs te vragen.

'Even iets anders,' zeg ik. 'Ik heb dus nog een graf. Een graf in Noord. Daar ligt mijn vader. Het is een beetje een gek verhaal.'

Als uitvaartondernemer kijk je niet op of om van een gek verhaal. Clemens luistert aandachtig terwijl ik de geschiedenis in vogelvlucht vertel. Zelfmoord vader in 1978, toen ik dertien was, uit puberale koppigheid niet naar zijn begrafenis gegaan, het me vaak voorgenomen, maar ook nooit naar zijn graf geweest. Eind 2016 bericht van een nicht. Haar vader, de broer van de mijne, blijkt mijn vaders graf te beheren. Zijn ouders, ofwel mijn opa en oma, en nog een andere broer liggen er ook; het is een familiegraf. Haar vader bezoekt de plek jaarlijks met zijn vrouw op Allerzielen, maar het echtpaar redt dit vanwege hun hoge leeftijd niet meer en wil ervan af. Aangezien onze vader er nog ligt, is de vraag of ik er belangstelling voor heb. Zo niet, dan wordt het graf afgesloten en geruimd. Ik kan het niet over mijn hart verkrijgen om het aanbod te weigeren. Als ik onverhoopt toch naar het graf toe wil, moet het er wel zijn. En mijn vader ruimen klinkt erg definitief. Ik neem de rechten over en word de wettelijke beheerder van het familiegraf, zonder er ooit te zijn geweest.

'Ik wist natuurlijk dat mijn moeder zou komen te overlijden. En ik heb overwogen om haar in het familiegraf bij te leggen, maar ik vind het lastig. Ze is vlak voor zijn dood van mijn vader gescheiden.'

Toen het graf in mijn bezit kwam, verkeerde mijn moeder al in een vergaand stadium van dementie. Ik heb het idee een keer geopperd – 'Zeg, hoe zou je het vinden om straks bij papa in het graf te liggen?' – maar toen stak ze haar tong uit. Dat was moeilijk te interpreteren. Waarschijnlijk dacht ze dat ik haar in de maling nam. Wat je haar niet kwalijk kon nemen.

'Hoe denk je er nu over?' vraagt mijn uitvaartman.

'Het idee dat ik straks twee graven beheer vind ik nogal wat,' zeg ik eerlijk. 'En mijn moeder in een familiegraf leggen van haar ex-schoonfamilie is ook niet ideaal. Ze verdient haar eigen graf. Het liefst zou ik mijn vader bij mijn moeder in haar graf willen leggen – dan kan ik ze ook samen bezoeken – maar ja, dat kan natuurlijk niet.'

'Waarom zou dat niet kunnen?' zegt Clemens.

Olivia klapt de bloemenmap dicht en is ineens weer vol aandacht. Het verhaal van mijn vader kent ze door en door, maar dit is een onverwachte wending.

'Als jij het wilt, regel ik dat voor je.'

'Je bedoelt dat je hem opgraaft?'

'Ja. De grafrusttermijn bedraagt tien jaar. Die is ruimschoots verstreken. Jij, als nabestaande en grafrechthebbende, mag je vader herbegraven.'

Ik ben even stil.

Dan begin ik te stralen.

'Dat wil ik!' zeg ik. 'Dat is precies wat ik wil.'

Olivia sluit haar ogen en schudt langzaam haar hoofd. Ze kan haar ongeloof, gelardeerd met een vleugje geamuseerdheid, niet verbergen.

'Zo kun je toch de begrafenis van je vader bijwonen,' zegt Clemens in volle ernst. 'De begrafenis die je hebt gemist. Ik denk dat dit het perfecte moment is om het verleden af te sluiten.'

Clemens was al mijn held, maar op dit moment is hij God zelf.

'We begraven eerst je vader en daarna je moeder. Wanneer wilde je de uitvaart ook alweer?' vraagt God.

'Op woensdag,' zeg ik beschroomd. 'Dat is wel heel snel, hè? We gaan donderdag naar Edinburgh. We hebben dat tripje begin deze maand geboekt. Onze zomervakantie naar Portugal ging niet door, omdat mijn moeder toen ook slecht lag. We hopen Schotland wel te halen.'

'Ik ga mijn best doen,' zegt Clemens. 'Je moet dan nu wel meteen een officieel verzoek schrijven en ondertekenen. Dat je het familiegraf wilt openen om je vader te kunnen herbegraven.' Hij overhandigt me een wit vel papier en zijn vulpen. 'Welke begraafplaats is het? Weet je het grafnummer?'

'Het is de Noorderbegraafplaats. Het nummer staat vast ergens in mijn mail,' zeg ik, terwijl ik mijn telefoon pak.

'En er lagen nog meer familieleden, zei je?'

'Ja, mijn opa en oma en nog een broer. Maar die heb ik allemaal nooit gekend. Zij waren al overleden voor mijn geboorte.'

'En wat wil je daarmee?'

'Kunnen we ze meenemen naar Sint Barbara? Of wordt dat te druk?'

'Ik kan het proberen. Je vader is het belangrijkste.'

Dat ben ik met hem eens.

Clemens dicteert het verzoek. Ik schrijf mee, moeizaam; het is lang geleden dat ik zoveel tekst met de hand heb geschreven. Na mijn ondertekening stopt Clemens het verzoek in zijn map.

We zeilen fluitend door de rest van de te regelen zaken heen. Als alles op de rit staat, bedanken we Clemens en zwaaien hem uit. Ik loop nog even bij mijn moeder binnen. Ze ligt aangekleed op haar bed in de kleren die Olivia en ik hebben uitgekozen. Op een stoel ligt het nachthemd dat ze aanhad toen ze stierf. Ik neem het mee. Thuis zal ik het in een stoffen zakje stoppen, zodat ik haar geur af en toe nog kan opsnuiven. Mijn moeder heeft haar kunstgebit weer in. Dat had ze de laatste weken niet; het irriteerde haar. Het gebit is eigenlijk te groot. Het staat gek, haar lippen passen er niet goed omheen. Ik zie het, maar laat het zo. De directrice van Zonnestraal zal er de volgende dag iets aan proberen te doen, maar veel beter wordt het niet. Ook het dode lichaam van mijn moeder is weerbarstig. Er brandt een kaars naast haar bed. De nachtdienst zal die uitblazen, weet ik. Ik aai mijn moeder over haar haar en fluister haar toe dat ze een mooie uitvaart zal krijgen.

Op weg naar huis is mijn stemming gek genoeg opperbest. Olivia moet er een beetje om gniffelen. ‘Hoe ga je dit straks aan Bart vertellen?’ vraagt ze.

‘Gewoon, zoals het is. Het is een geweldig idee, deze herbegrafenis,’ zeg ik opgewekt.

Eenmaal thuis blijkt Bart er heel anders over te denken. Hij gruwt bij het idee dat ik een graf wil laten openen dat al veertig jaar dicht is. Hij noemt het heiligschennis, roept dat ik doordraaf en laat onomwonden weten dat ik dit krankzinnige plan ogenblikkelijk dien te laten varen. Bij deze reactie moet worden aangetekend dat Bart net drie maanden eerder zijn vader heeft verloren. De uitvaart staat ons nog helder voor de geest. In feite verkeren we op dit moment allebei in de rouw.

Olivia luistert zwijgend naar onze discussie.

'Luister,' zeg ik tegen Bart. Mijn stem klinkt zwaar en laag, de gebruikelijke schorheid is verdwenen. 'Dit gaat om míjn vader. Zíjn dood. Míjn verdriet. Jij hebt hier niets mee te maken. Jij weet hier niets van af. Dit is iets wat ik nodig heb. Het kan me niet schelen of jij het begrijpt of niet. Dit is wat er gaat gebeuren. Ik ga woensdag mijn moeder begraven. En mijn vader.' Terwijl ik de woorden uitspreek, besef ik dat ze sentimenteel en dramatisch klinken, maar tegelijkertijd weet ik dat ze voortkomen uit een diepdoorvoelde, pijnlijke waarheid, eentje die de bodem van het bestaan vormt, die nu naar boven borrelt en zich door niets of niemand laat tegenhouden.

In de dagen die volgen houden Clemens en ik nauw contact. Hij vertelt dat hij heel erg zijn best doet, maar dat hij helaas nog niets kan garanderen, afhankelijk als hij is van de medewerking van derden. 'Ik geef niet op,' verzekert hij me. 'Ik blijf het proberen, want ik weet hoe belangrijk dit voor je is en ik beschouw het als een erezaak om het rond te krijgen.'

Zijn plan is om mijn vader woensdag, op de dag van mijn moeders uitvaart, op te graven, maar daarvoor heeft hij toestemming nodig van de begraafplaats en die houden uitgerekend deze woensdag een open dag. De ironie ontgaat me niet.

'Ik snap niet waarom ze zo moeilijk doen,' zucht Clemens. 'Zij hoeven er niemand voor vrij te maken, ik neem mijn eigen mensen mee en we kunnen het in alle vroegte doen.'

'Clemens,' zeg ik na enig nadenken, 'als ze het je heel lastig maken, mag je wat mij betreft de Van Royen-kaart spelen.'

Hij en ik weten allebei wat ik daarmee bedoel.

'Dat zal niet nodig zijn. Als het erom gaat spannen, heb ik zelf genoeg kaarten achter de hand,' stelt hij me gerust. Eens te meer besef ik dat ik te maken heb met de *capo di tutti capi*, wiens kaarten in de uitvaartwereld stukken zwaarder wegen dan de mijne. Clemens Bouwens is de man die Harry Mulisch heeft begraven. De herdenkingsdienst vond plaats op 6 november 2010 in de Stadsschouwburg in Amsterdam en werd live uitgezonden. In de week daarvoor troffen Clemens en ik elkaar toevallig in een hotel bij het Leidseplein. Hij kwam de as van mijn schoonmoeder brengen, die hadden we nog tegoed.

'Ga je naar de uitvaartdienst van Mulisch?' vroeg Clemens.

'Ik ben niet uitgenodigd,' antwoordde ik.

Clemens schrok. 'Is er misschien iets misgegaan met de invitaties, zal ik het even voor je uitzoeken?'

'Doe geen moeite, Clemens. Harry en ik waren geen vrienden.'

Op dinsdagochtend, de dag voor de uitvaart, laat Clemens via WhatsApp weten dat de opgraving de volgende dag definitief doorgaat en de twee begrafenissen daarmee ook. 'Als het goed is, is jouw ingreep nu achter de rug,' zet hij erbij. Hij weet dat ik die dag een kleine operatie heb. Mijn werkelijkheid is altijd aanzienlijk ongeloofwaardiger dan welke fictieve vertelling ook. De ingreep stond al geruime tijd op de planning. Om tien uur 's ochtends is mijn rechterooglens volledig weggelaserd en vervangen door een kunstlens, waarmee ik de rest van mijn leven scherp hoop te zien. De linkerlens volgt over een week, na Schotland. Ik zal de grafrede voor mijn moeder als een cycloop schrijven.

Het verlossende bericht van Clemens zie ik inderdaad pas na de ingreep. Mijn rechteroog is bedekt door een beschermende plastic dop, die bedekt is met pleisters.

'Ik ben zo blij voor je dat het toch gaat lukken,' appt hij.

'Ik ook,' antwoord ik. 'Het is echt heel bijzonder. Heb een traantje weggepinkt bij mijn linkeroog.'

'De steenhouwer staat ook al klaar om morgen de steen terug te plaatsen met de juiste namen erop.'

Nu we toch bezig waren, had Clemens bedacht dat we voor het nieuwe graf op Sint Barbara de marmeren steen van het familiegraf van mijn vader konden hergebruiken. Ik vond het een goed idee. Bij leven werkte mijn vader als boekhouder bij Neeb & Co Natuursteen in Amsterdam-Noord, een leverancier van gedenkstenen. Ooit gaf hij me een doosje met verschillende dunne marmeren plaatjes, monsters waaruit de klanten konden kiezen. Het roze marmer vond ik het mooist. Dat ik nu met zijn grafsteen in de weer was, herinnerde me aan het enige cadeau dat ik van hem had. Het doosje met stenen moet nog ergens op zolder liggen, in de doos JEUGD.

De steenhouwer kan mijn moeders naam onder de vier bestaande namen hakken of alle namen weghalen en die van mijn vader en moeder er vers op zetten, laat Clemens weten. Ik kies voor het laatste. Eerder maakte hij al duidelijk dat het te complex zou worden om opa, oma en de andere broer ook mee te nemen; die moeten we achterlaten. Het familiegraf is iets om me later om te bekommeren. Boven aan de steen staat IN PACE, dat mag blijven staan. Ik gun ze eindelijk vrede, die twee.

Woensdag 18 juli, de dag van de uitvaarten, belooft een prachtige, zonnige dag te worden. Bart en ik rijden eerst naar Driebergen om mijn geopereerde oog te laten controleren. De plastic dop mag eraf. Ik ben niet blind geworden, dat valt weer mee. Alles ziet er prima uit, aldus de chirurg.

'Goed blijven druppelen,' drukt ze me op het hart.

'Zijn tranen ook goed?' vraag ik. 'Ik heb twee uitvaarten vandaag.'

'Nou, die zijn eigenlijk te zout.'

Na Driebergen wordt het tijd om mijn moeder op te halen uit Zonnestraal. Olivia, haar vriend Pieter en Sam gaan met ons mee. We zien Margreet voor het eerst in haar kist en zijn dolblij met onze keus. Hij is oprecht prachtig en heeft een zachte, vriendelijke uitstraling. Op mijn moeders kamer staan lijstjes met foto's van haar kinderen en kleinkinderen. Ik leg ze bij haar, tussen de vouwen van het ongebleekte, gewatteerde katoen. Ook haar handen krijgen een rozenkrans. Baat het niet, dan schaadt het niet. Als mijn moeder Zonnestraal verlaat, vormt het personeel een haag om afscheid van haar te nemen. Het ontroert me.

Als we Sint Barbara op lopen, word ik overdonderd door de lieflijkheid van de begraafplaats. Ik snap meteen waarom mijn moeder hiervoor heeft gekozen. De kapel bij de ingang doet denken aan een Scandinavisch huis. Die is gebouwd met rode stenen en fraai betimmerd met een grafisch gevormd web van witte houten lijsten; ook de daklijsten zijn wit. De kapel is niet heel hoog, maar wel rijzig en hij steekt mooi af tegen de blauwe lucht. De lanen met graven zijn goed verzorgd, je zou er zo willen liggen.

De lijkwagen met daarin mijn moeder houdt halt voor de kapel. Clemens stapt uit. Ton is op mijn verzoek ook voor de uitvaart van mijn vader gekomen en voegt zich bij ons. Door het open hek rijdt een tweede lijkwagen de rotonde op.

Clemens spreidt zijn armen. Dit is zijn moment. Nu komt alles tezamen. De timing kon niet beter.

'Hier!' zegt hij, wijzend naar de eerste lijkwagen. 'Hier is moeder. En daar!' – wijzend naar de tweede lijkwagen, die richting de kapel kruipt – 'Daar komt vader.'

De twee rouwauto's die zich achter elkaar opstellen vormen een surrealistisch beeld. Mijn vader verdronk zichzelf begin augustus 1978 in de Sloterplas in Amsterdam. Dit is zijn herrijzenis, eentje die niemand meer had verwacht. We lopen naar de tweede wagen toe. Ik voorop, hand in hand met Bart, mijn gezin achter me.

'Ben je klaar om afscheid te nemen?' vraagt Clemens.

Ik knik.

'Ik moet je iets vertellen,' vervolgt hij. 'Het klinkt heel wonderlijk, maar je vader heeft op je gewacht.'

'Hoe bedoel je?'

'Zijn lichaam is nog grotendeels intact.'

'Dat kan toch niet na veertig jaar?' Ik had hooguit wat botresten en een hoop stof verwacht. *Ashes to ashes, dust to dust* – dat werk.

'Hij is destijds begraven in een dichtgeritste hoes. Zijn lichaam is als het ware geseald.' Clemens windt er nooit doekjes om. Ik hou ervan.

De factuur van de uitvaart van mijn vader, die ik later aantref in mijn moeders administratie, zal zijn woorden bevestigen. Er staat als extra kostenpost een lijkenzak op. Het lichaam van mijn vader had bijna een week in het water gelegen. Het was doorweekt en is daarom verpakt in de kist gelegd.

Clemens opent de achterklep van de lijkwagen. Ik zie een nieuwe grenenhouten kist.

'Dus hierin ligt mijn vader?'

'Ja.'

'Wil je de kist opendoen?' vraag ik.

'Natuurlijk. Maar ik ga je het lichaam niet laten zien. Dat wil je niet. Het kan ook een beetje muf ruiken, want we hebben de rits bewust opengelaten, zodat hij nu eindelijk kan vergaan.'

Clemens schuift het deksel van de kist opzij. Ik zie een crèmekleurige, glanzende binnenhoes, die iets bedekt.

'Dus hieronder ligt mijn vader?' vraag ik weer.

'Ja.'

'Ik sta nu bij zijn hoofd?'

'Ja.'

Ik strek mijn hand uit naar de bekleding en raak die aan. En dan gebeurt het: het universum scheurt open en ik word in een wormgat gezogen. Van het ene op het andere moment ben ik weer dertien jaar. Het is 1978. Mijn vader is dood. Ik breek. Ik begin te jammeren en onbedaarlijk te huilen. We hebben nooit afscheid van elkaar genomen, want hij vertrok als een dief in de nacht en was daarna bijna een week vermist. En nu is hij hier. Dichter bij hem ben ik in geen veertig jaar geweest. Ik haal diep adem en begin te ratelen. Alles wat ik hem nooit heb kunnen zeggen, gooi ik er in complete zinnen uit, alsof ik in de voorbije jaren heb geoefend. Ik laat hem weten dat het me spijt dat ik niet naar zijn begrafenis ben gegaan. Dat ik boos was. Dat ik hem niet begreep. Dat ik hem nu beter begrijp en dat ik het vreselijk jammer vind dat we nooit met elkaar hebben kunnen praten toen we allebei volwassen waren. Daarna vertel ik dat het goed met ons gaat. Dat hij kleinkinderen heeft. Dat ze hier ook zijn. Dat mama net is overleden en dat we haar vandaag gaan begraven. Dat hij met haar in een graf komt te liggen. Dat ik schrijfster ben geworden en dat mijn debuutroman voor een groot deel over hem ging.

Ik reik naar achteren. Bart geeft me een gesigneerde eerste druk van *De gelukkige huisvrouw*, die ik heb meegenomen uit de kamer van mijn moeder. Ik stop het boek bij hem in de kist, samen met een ingelijste groepsfoto van zijn kinderen, kleinkinderen en van mama, die we maakten toen ze vijfentachtig werd.

Nadat ik alles gezegd heb, voel ik een hand op mijn schouder. Het is Sam. Er staan tranen in zijn ogen.

'Ik heb mijn opa nooit gekend. Het was voor mij toch abstract. Maar toen jij stuk ging, brak ik ook,' vertelt hij me later.

'Ik ben blij dat ik je even heb gesproken,' zeg ik ten slotte. 'En ik beloof dat ik je hierna nooit meer zal opgraven. Rust zacht.'

De kist wordt gesloten. De dragers nemen hem op hun schouders en brengen hem naar het graf dat voor mijn moeder is gemaakt. Clemens overhandigt me een roos, die ik op de kist kan leggen. Deze man denkt echt aan alles. In zeer kleine kring wordt mijn vader voor de tweede en laatste maal ter aarde besteld.

Wat ik op het moment van de herbegrafenis niet besef, is dat er al enkele familieleden en vrienden bij Sint Barbara zijn gearriveerd voor de uitvaart van mijn moeder. Sandy, een vriendin van me, is zo vroeg dat ze met haar vriend Paul besluit een ommetje te maken op de begraafplaats. Wanneer ze ons kleine gezelschap ineens met een kist richting een open graf ziet lopen, raakt ze in paniek.

'Er klopt iets niet,' sist ze tegen haar vriend, waarna ze hem omlaagtrekt, achter een heg. Plat op hun buik liggend op een pad tussen de zerken kijken ze elkaar met grote ogen aan.

'We horen hier niet te zijn, we moeten weg,' fluistert Paul. Hij denkt dat Sandy zich heeft vergist in het tijdstip, dat ze de plechtigheid hebben gemist en nu ongewild getuige zijn van de besloten begrafenis van mijn moeder.

'Bij Heleen kun je alles verwachten,' probeert Sandy hem gerust te stellen. 'Misschien wil ze eerst haar moeder begraven en volgt daarna pas het afscheid.'

Paul laat zich niet overtuigen. Hij wil weg, en snel ook. Ze besluiten naar de uitgang te kruipen. Eenmaal daar, en weer rechtop, lopen ze recht in de armen van de andere gasten voor mijn moeders uitvaart en kunnen ze alsnog niet weg. Ze wandelen met hen mee naar de kapel, waar mijn moeder op dat moment naar binnen wordt gereden.

'Nog een kist...' stamelen Sandy en Paul, die maar niet begrijpen in welke klucht ze zijn beland. Verbijsterd nemen ze plaats op de achterste bank van de kapel.

Even later begint de uitvaartceremonie, en onwetend van dit alles spreek ik de met één oog geschreven grafrede voor mijn moeder uit.

'Als ik aan mijn moeder denk, komen er twee woorden in me op: bewondering en verwondering. Bewondering omdat ze de sterkste, maar misschien ook wel hardste vrouw is die ik heb gekend. Bewondering omdat ze drie tieners heeft grootgebracht nadat mijn vader veertig jaar geleden, in augustus 1978, een einde aan zijn leven had gemaakt. Bewondering omdat ze altijd volkomen zichzelf was en weinig tot geen moeite deed om aardig gevonden te worden. Bewondering omdat ze zeer zelfstandig was en mij ook heeft geleerd dat te zijn. Sommigen zouden zeggen "gedwongen", maar "geleerd" klinkt prettiger. Bewondering omdat ze nooit oordeelde over anderen, tenzij het politici waren. Bewondering omdat ze een scherpe blik had, waarmee ze dwars door je heen keek. Die blik heeft ze tot op het laatste moment behouden. Bewondering omdat ze me volkomen vrijliet in mijn keuzes. Bewondering omdat ze beschikte over een grote handvaardigheid, die mij vreemd is. Ze kon breien, borduren, haken. En netjes ook. Ze kon schilderen, behangen. Dit ging gepaard met een enorm doorzettingsvermogen.

Een van mijn mooiste herinneringen aan mijn moeder is de keer dat ze besloot dat er een nieuw vloerkleed in de huiskamer moest komen. Het oude was volkomen versleten. Ze zou er eentje haken; dat was goedkoper, had ze bedacht. Ze mat de huiskamer op. We gingen samen met lijn 1 met een paar plastic tasjes naar een wolwinkel in het centrum van Amsterdam. De eigenaar begon te lachen toen hij de tasjes zag. De hoeveelheid wol die nodig was om een kamerbreed tapijt te haken paste niet in een paar plastic tasjes. De wol werd thuisbezorgd. Mijn moeder ging op de bank zitten, plaatste de klossen wol om zich heen en begon te haken. Ze haakte met een groot aantal draden tegelijk, anders werd het tapijt niet dik genoeg. Ze haakte en haakte, tot ze een enorme rol op haar schoot had. Een rol van vier, vijf meter breed. Een rol die almaar dikker en dikker werd. Uiteindelijk had ze een kamerbreed tapijt gehaakt; het paste precies, maar ze had wol over. Sommige klossen waren al aangebroken. Die kunnen we niet meer terugbrengen, wist ze. Ze zuchtte diep en zei: "Ik haak de gang er ook nog wel bij." En dat deed ze. Ze hield er een arm- en schouderblessure aan over, maar dat deerde haar weinig. Dit was het moment waarop mijn moeder voor mij onsterfelijk werd.

Ik heb mijn moeder niet alleen bewonderd, maar me ook over haar verwonderd. Verwonderd omdat haar kijk op het leven zo anders was dan de mijne. Ze nam het zoals het kwam en deed zeker op latere leeftijd weinig moeite om er iets leuks van te maken. Het begrip 'yolo' was niet aan haar besteed en een bucketlist had ze ook niet. Ze had veel pijn vanwege een versleten heup, maar weigerde zich eraan te laten opereren. Ze zat vaak eenzaam op de bank, maar als een buurman bij haar aanbelde, was ze eerder geïrriteerd dan blij. Elke verjaardag sprak ze de hoop uit dat dit toch echt de laatste zou zijn.

Nadat mijn moeder begon te dementeren begon de kentering. Dementie is een vloek, maar kan ook een zegen zijn. In haar geval betekende het een grotere mate van afhankelijkheid. Afhankelijkheid van mij, om precies te zijn. De meeste mensen vinden het niet fijn om afhankelijk te zijn, maar als je van mij afhankelijk bent, berg je dan maar, want ik heb mijn moeders doorzettingsvermogen geërfd. Ik besloot een rode loper voor mijn moeder te haken. Een oneindige, lange, zachte, warme rode loper, waarover ze kon lopen met mij aan haar zijde. Als ze niet meer kon lopen, zou ik haar dragen.

Ik heb haar bewonderd omdat ze het toeliet. Ze gaf zich over. Ze werd zachter. Als ik aan haar vroeg: "Hoe gaat het met je?", zei ze niet meer standaard: "Rottig." Ze zei: "Goed." Ze genoot van een perzik. Ze was altijd blij als ze me zag. Ze werd aanhankelijk, ze zei dat ze me hield en dat ik dat goed moest onthouden. Als dementie erfelijk is, wordt dat nog een hele opgave, maar ik zal mijn best doen.

Mijn moeder is altijd vol verwondering op zoek geweest naar de zin van het leven. Ze vertelde me dat ze die zin ooit een keer had doorgekregen van gene zijde. Mijn vader leefde nog. Het gebeurde toen ze de was aan het ophangen was. "Ineens wist ik het," zei ze, "wat de zin van het leven was, maar toen ik het aan je vader wilde vertellen, was ik het weer kwijt."

Na de dood van mijn vader heeft mijn moeder een zeer spirituele periode gehad. Ze geloofde in alles wat los- en vastzat. Numerologie, reiki, geneeskrachtige stenen, tarotkaarten, horoscopen, vorige levens – je kunt het zo gek niet bedenken. Er heeft zelfs een tijdje een reikimeesteres bij ons in huis gewoond.

Mama, als jij me iets hebt geleerd de afgelopen jaren, dan is het de zin van het leven. Het is heel simpel. We zijn er om voor elkaar te zorgen en elkaar lief te hebben. Een prachtig concept, al vrees ik dat ik niet de eerste ben die dit heeft bedacht.

Toen je afgelopen zondag overleed, waren we samen, jij en ik. Er was niemand anders. Je keek me recht aan, ik hield je vast, je zuchtte een paar keer diep en je vertrok. Je hebt altijd gezegd dat je zou blijven tot ik je niet meer nodig had en ik heb je die zondagmiddag verteld dat ik het nu waarschijnlijk wel zou redden zonder je en dat je mocht gaan. Het was een groot geschenk om bij je te mogen zijn toen het zover was.

Sinds zondagmiddag ben ik wees.

Mijn vader en mijn moeder trouwden op 11 oktober 1958. *Voor altijd verenigd*, schreef mijn moeder in het fotoalbum van hun huwelijk. Dat ging niet helemaal goed, er waren veel strubbelingen en het huwelijk eindigde in een scheiding. Die scheiding was op papier. In het echt ging mijn vader niet uit huis en toen hij vertrok was dat voorgoed. Ik was toen dertien jaar en zo boos dat ik weigerde naar zijn begrafenis te gaan. Ook zijn graf heb ik nooit bezocht.

Nu mijn moeder er niet meer is, voel ik sterk de behoefte om de pijn uit het verleden te verzachten. Om ook voor hen samen een tapijt te haken. Mijn moeder wilde worden begraven op Sint Barbara en dat wordt ze vandaag, op een prachtige plek. Ik heb besloten dat mijn vader bij haar mag liggen. Onder haar, dat wel. Hij moet zijn plek kennen. Als we straks mijn moeder begraven, ligt mijn vader in haar graf te wachten. Misschien hebben ze nog even wat uit te praten, maar ik hoop dat het niet nodig is en dat ze zich kunnen verzoenen met hun lot: *voor altijd verenigd.*'

Op de achterste bank stoten Sandy en haar vriend elkaar aan. Dat was het dus! Hun opluchting is groot. Pas maanden later vertellen ze Bart en mij wat er die dag is gebeurd.

Nadat we mijn moeder hebben begraven, verzamelen de gasten zich buiten voor de kapel. De zon schijnt nog steeds uitbundig. Er wordt wijn en een bittergarnituur geserveerd. De sfeer is informeel en gezellig, zoals dat nu eenmaal gaat als je afscheid neemt van een zevenentachtigjarige. 'Ze was niet in de wieg gesmoord,' zou mijn moeder zelf zeggen.

Als we uiteindelijk in klein comité overblijven, neemt Clemens me terzijde. De grafsteen is gearriveerd, met de juiste inscriptie. Hij is meteen geplaatst. Of we misschien even willen komen kijken. Natuurlijk willen we dat. Het graf van mijn moeder bevindt zich aan het hoofdpad van Sint Barbara. Het is makkelijk te vinden. We lopen erheen en bewonderen de steen, die prachtig en statig is, net zoals de marmeren rechthoekige omlijsting van het oude familiegraf, die ook is meegekomen. Binnen de omlijsting liggen grijze kiezels.

'Echte planten wil je niet,' aldus Clemens. 'Die gaan toch maar dood.'

Op de kiezels liggen nu de verse bloemstukken die mijn moeder heeft ontvangen, ook dat van ons.

'Als ze uitbloeid zijn, krijg je de linten en de kaartjes,' belooft mijn uitvaartman.

Voor de derde keer die dag lopen we over het hoofdpad, terug naar de kapel. Terwijl ik de inscripties op de grafstenen lees, doe ik een onverwachte ontdekking.

'Verrek, daar ligt tante Geri,' roep ik uit.

Een paar graven links van dat van mijn moeder bevindt zich de laatste rustplaats van Geertruida Koemeester-Ligthart, een nicht van mijn moeder, die vlak bij ons in de buurt woonde in Amsterdam-West. Mijn moeder had niet veel vriendinnen, maar Geri was er een van. Ze ligt samen met haar man Jan in het graf. Ik herinner me dat hun dochters geabonneerd waren op de *Tina*, die ome Jan altijd aan het einde van de jaargang liet inbinden. Mappenvol *Tina*'s heb ik bij tante Geri verslonden als ik daar tussen de middag een broodje at of logeerde.

'Dat is waarschijnlijk de reden waarom je moeder hier begraven wilde worden,' zegt Clemens.

'Dat zal het zijn,' beaam ik. 'Gezellig voor mama dat Geri nu weer haar buurvrouw is.'

De herbegrafenis van mijn ouders heeft mijn gemoed meer verlicht dan ik ooit voor mogelijk had gehouden. Het enige wat nog aan me knaagt, is het onttakelde familiegraf in Amsterdam-Noord met opa en oma en zoon Piet, die in 1948, een dag voor zijn dertigste verjaardag, overleed. Ik gooi het in de groep, en alle neven en nichten zijn het eens: dit graf mag ophouden te bestaan. Het is tijd om ruimte te maken voor anderen.

En zo geschiedt het. Ik doe per 1 november 2018 afstand van graf nummer 23-034.

15 juli 2020

Op de sterfdag van mijn moeder en de dag nadat ik oma ben geworden, rijd ik naar Sint Barbara. Ik heb een paar bloeiende hortensiatakken meegenomen uit onze tuin en een met water gevulde limoncello-fles. Ik steek de takken in de fles en zet deze in het grind. Aan een van de takken hangt een handgeschreven kaartje:

> *Lieve mama & papa,*
> *Gefeliciteerd met de geboorte van jullie eerste achterkleinkind. Hij heet Spencer en is de zoon van Olivia en Pieter en het broertje van de zonen van Pieter.*
> *xxx jullie dochter, Heleen*

Het zal je moeder maar zijn

door Sam van Royen

Ik ben de zoon van.

Als je de zoon van een BN'er bent, ontkom je daar nooit aan. Vroeg of laat krijgen mensen door wie je bent. Dit gebeurt doorgaans in een gesprek dat altijd op dezelfde manier verloopt. Het lijkt wel een script dat iemand ooit heeft uitgeschreven. Ik kan je precies voorspellen wat er gebeurt als jij met mij in een Amsterdamse kroeg aan de praat raakt.

'Heb jij altijd in Amsterdam gewoond?' vraag je.

'Nee, ik heb negen jaar in Portugal gewoond,' antwoord ik.

'Wat leuk! Hoe was dat?'

'Heel tof. Altijd lekker weer.'

'Hoezo ben je daar gaan wonen dan?'

'Mijn ouders kochten een vakantiehuis in de Algarve. Toen bleek dat er een goede school in de buurt was, besloten we om er te gaan wonen.'

'Hoe deden jouw ouders dat qua werk?'

'Mijn moeder kon haar werk vanuit Portugal doen. Mijn vader is gestopt met werken.'

'Wat voor werk deed je moeder dan?'

Hier voel ik de bui al hangen.

'Ze is schrijfster.' Ik kan moeilijk liegen.

'O, dat doet me denken aan die, eh... Hoe heet ze ook alweer? Of woonde zij in Spanje?'

Op dit punt besluit ik je te helpen. Dan hebben we het maar gehad.

'Bedoel je Heleen van Royen?'

'Ja, die! Kwam je die daar wel eens tegen?'

'Geregeld, ja. Ze is mijn moeder.'

'Dat meen je niet!'

Zo gaat het altijd.

Als ik nieuwe mensen leer kennen en ze komen erachter wie mijn moeder is, vragen ze zich af wat ik allemaal heb meegemaakt en hoe het is om haar zoon te zijn. Mijn antwoord is simpel: voor mij is ze gewoon mijn moeder, ik weet niet beter. Meestal moet ik vervolgens het beeld dat ze van haar hebben nuanceren. Nee, ze is geen losgeslagen seksgodin. Nee, ze gaat niet naar ruige feesten. Nee, er hangen geen dildo's aan de muur en haar huis is geen sekswalhalla. Het is niet altijd duidelijk of ik ze daarmee geruststel of juist teleurstel.

Toegegeven: Heleen van Royen als moeder hebben kan gênant zijn. De eerste keer dat ik ermee werd geconfronteerd was op de internationale school in Portugal, waar ik vooral Engelse en Portugese vrienden had. Er waren wel enkele Nederlanders op school, maar die waren schaars. Ik leidde een rustig en anoniem bestaan tot een ogenschijnlijk normale vrijdagmiddag in december 2008. Een van mijn Britse klasgenootjes, William uit Bristol, had ergens opgevangen dat mijn moeder bekend was. Tijdens computerles zat hij naast me en kwam op het lumineuze idee de naam Heleen van Royen in te tikken op Google. Binnen luttele seconden verscheen mijn naakte moeder op zijn computerscherm en niet snel daarna op die van mijn klasgenoten. Mama had recentelijk een *Playboy*-shoot gedaan. *Playboy* had besloten een aantal foto's online te zetten om illegaal uitlekken tegen te gaan.

Terwijl William een screensaver maakte van de borsten van mijn moeder, vroeg Sahil, een elfjarig jochie uit India: 'Maar wie is die gast met de blonde krullen?'

'Dat is mijn vader,' antwoordde ik beleefd.

Ja, dat had ik weer. Mijn ouders zijn als koppel naakt in het blad verschenen. Het was een eis van mijn moeder: ik naakt, dan hij ook. Een unicum in de geschiedenis van *Playboy*, een dubbel trauma voor hun nageslacht.

Onze leraar kreeg lucht van het tumult, liep naar onze tafel en wierp een blik het scherm van Willam.

'We gaan hier niet naar naaktfoto's kijken, jongens. Allebei nablijven.'

'Maar het is de moeder van Sam,' protesteerde William. Wat alles alleen maar erger maakte.

Als je ouders samen poedelnaakt in de *Playboy* staan en iedereen met toegang tot een AKO of internet dat kan zien, lijkt dat het ergste wat je kunt meemaken als zoon van een BN'er. Je leert incasseren en bouwt zo'n schild op dat er daarna niets meer is wat jou nog kan raken. Maar dan ken je mijn moeder nog niet. Of juist wel. Want natuurlijk heeft zij een manier gevonden om zelfs die *Playboy*-shoot te overtreffen. Ze had namelijk de geniale ingeving om haar seksleven te documenteren en uit te brengen als een boek: *Sexdagboek*. En de hele wereld mocht het lezen.

Wat dit voor mij opleverde? Een oneindige hoeveelheid flauwe grappen en vragen van vrienden: of ik een gesigneerd exemplaar kan regelen, of ik het boek ga lezen, of ik er zelf in voorkom. In *Sexdagboek* staat – naar het schijnt – een passage over hoe mijn moeder en haar vriend Bart een trio hebben met een escort. Het is hun gegund, daar niet van. Maar ik was hierover niet geïnformeerd en er ook niet voor gewaarschuwd. Ik kwam erachter omdat *De Telegraaf* er een nieuwsbericht aan wijdde, dat vervolgens door een ploeggenoot in de groepsapp van mijn voetbalteam werd geplaatst. Zit je dan heerlijk? Nee.

Ondanks de momenten van schaamte kan ik je verzekeren dat ik geen trauma's heb overgehouden aan mijn jeugd. Ik heb communicatie gestudeerd en werk in de mediawereld, vooral bij televisie. Omdat mijn achternaam Van Royen is, gaan mensen er vaak van uit dat ik dankzij mijn ouders in het wereldje terecht ben gekomen. Het antwoord is: ja en nee. Ja, mijn vader was een tv-maker en mede daardoor is mijn liefde voor het vak ontstaan. Nee, hij heeft nooit iemand gebeld met de vraag: 'Zeg, is er nog een plekje voor mijn zoon?' Of ik in het sollicitatieproces een streepje voorhad op anderen? Dat weet ik niet. Wat ik wel weet is dat mensen veel van je verwachten als je een Van Royen bent. Daar is niks mis mee. Leg die lat maar lekker hoog.

Was getekend,
de zoon van

Contactadvertentie

Ik ben alleen thuis. Het is zaterdag. Zoon Sam heeft een tennistoernooi. Ik sta in zijn kamer en kijk om me heen. In zijn onopgemaakte bed liggen drie afstandsbedieningen, een opengescheurde zak chips, een blikje cola en een PS3-controller. Op zijn bureau zijn de opengeslagen studieboeken bedolven onder snoepwikkels, in elkaar gepropte tissues en gebruikte wattenstaafjes. Ernaast prijkt een kom met restanten van verweekte cornflakes. Op de grond liggen verfrommelde T-shirts, broeken, vuile sokken en sportschoenen. Geen onderbroeken. Sam heeft een tekort aan onderbroeken. Onze werkster spreekt me daar wekelijks op aan. Dat gaat zo. Ik zit te schrijven, zij komt naast me staan en houdt demonstratief een boxer vol gaten in de lucht.

'Deze is van jouw zoon,' deelt ze mee.

Tussen de gaten prijkt de verschoten gestalte van Homer Simpson.

'Hij heeft nieuwe onderbroeken nodig.'

Ik knik.

'Ik heb het ook tegen hem gezegd,' vervolgt ze. 'Maar hij vindt het geen punt, die gaten.'

Ik onderdruk een glimlach. Zo moeder, zo zoon.

'Wat nou als hij een vriendin krijgt? Dat kan toch niet? Zo'n meisje rent gillend weg.'

'Tegen die tijd zal hij wel om nieuwe boxers vragen.'

Puberzonen komen pas in actie als de omstandigheden hen daartoe dwingen, is mijn ervaring. Uit zichzelf doen ze zo min mogelijk.

'Deze kan echt niet meer,' vindt mijn werkster. Ze tilt het deksel van de prullenbak. Homer Simpson verdwijnt.

'Hij heeft nieuwe nodig,' herhaalt ze dringend.

Ik haal mijn schouders op. Zijn onderbroeken zijn mijn minste probleem. Wat Sam nodig heeft, is een plan. Dit is zijn laatste jaar op de middelbare school en hij heeft nog geen idee wat hij na de zomer gaat doen. Zijn vader, zus en ik maken ons er vreselijk druk om. We bestoken hem met e-mails over mogelijke vervolgopleidingen, zijn zus heeft hem meegetroond naar een open dag van de hotelschool. Vond hij leuk. Maar een journalistieke opleiding lijkt hem ook leuk. Of iets met management – leuk.

'Wat is je passie, Sam?'

Sam weet het niet.

Sam ligt het liefst in bed Fifa 14 te spelen of Grand Theft Auto v. Dat hij op dit moment daadwerkelijk op een baan staat te tennissen en niet met een virtueel racket loopt te zwaaien om een online tegenstander in Nebraska te verslaan, is een wonder.

Ik zet de ramen van zijn kamer open om de meurende pubergeur te verjagen.

Wat er ook gebeurt, na de zomer moet hij weg. Sommige moeders schijnen dat vreselijk te vinden. Zij zien huizenhoog op tegen de dag dat hun laatste kind het nest verlaat en vrezen de diepe depressie die daarop zal volgen. Ik vrees eerder dat mijn nest nooit leeg raakt. Dat ik de rest van mijn leven opgescheept zit met een man van een meter zevenentachtig die niets van me aanneemt en niets voor me doet. Hoog tijd om een list te verzinnen. Misschien is dit niet de ideale contactadvertentie, maar wel het proberen waard. Welk muurbloempje zoekt een leuke vriend? Houdt van chocoladecornflakes. Heeft hart van goud. Wordt afgeleverd met tien nieuwe onderbroeken.

Het zal je moeder maar zijn

door Olivia van Royen

Mijn moeder en ik lijken totaal niet op elkaar. Dat wil zeggen qua innerlijk, want qua uiterlijk schijnen we als twee druppels water te zijn. 'Zijn jullie zussen?' horen we vaak, en dat vindt vooral mijn moeder erg leuk. Wat betreft karakter zijn we tegenpolen. Mijn moeder is extravert, geeft weinig om wat mensen over haar denken, kleurt graag buiten de lijntjes, is zelfverzekerd, creatief, open-minded en mist af en toe een vleugje empathie. Ik ben introvert, preutser, rechtlijnig en een studiebol. Mijn moeder houdt van woorden, ik van cijfers. Onze beroepen liggen mijlenver uit elkaar: ik werk bij een bank en mijn moeder heeft net een seksdagboek geschreven.

Mijn moeder en ik gaan echter steeds meer op elkaar lijken, niet alleen qua uiterlijk, maar ook qua innerlijk. Nu ik ouder word, realiseer ik me dat de dingen waarover we vroeger botsten nu de dingen zijn die ik bewonder en zelf ook ambieer. Wat andere mensen over me denken kan me steeds minder schelen. Ik heb al zoveel nare dingen over mijn moeder gehoord van mensen die haar niet eens kennen dat ik ze steeds makkelijker naast me neerleg. Mensen hebben snel een oordeel over een persoon of een situatie waar ze niks vanaf weten. Treurig is dat.

Toen de film van moeder over mijn oma uitkwam waren de reacties opvallend lovend. De buitenwereld maakte op een andere manier kennis met mijn moeder, een manier die ik al lang kende. Ik vond dat heel fijn voor haar, maar zelf keek ze er anders tegenaan. 'Heerlijk, mijn imago is op dit moment top, maar straks komt mijn seksdagboek uit en dan stort het weer helemaal in. Ik verheug me nu al.'

Mijn moeder mist een vleugje empathie; ze kan zich niet altijd even goed inleven in een ander. Wat ze totaal niet kan begrijpen is waarom mensen zich druk maken om dingen die geen enkele impact op hun leven hebben. Haar filosofie is: als ik er niemand kwaad mee doe, wat is dan het probleem? Waar eigenlijk niets tegen in te brengen is.

Mijn moeder en ik lijken op elkaar, qua uiterlijk, maar ook qua innerlijk. We hebben dezelfde mentaliteit als het gaat om gelijkwaardigheid en onafhankelijkheid. Al generatieslang hecht mijn familie veel belang aan onafhankelijkheid. Mijn oma trouwde in de jaren vijftig en werd daarom ontslagen; dat was gebruikelijk in die tijd. Vlak na haar scheiding beëindigde mijn opa zijn leven en stond mijn oma er alleen voor. Ze ging werken en zorgde ervoor dat haar dochters allemaal konden studeren. Mijn oma, mijn moeder en ik zijn allemaal feministen. Wat een man mag, mag een vrouw ook, vinden wij. En: je eigen geld verdienen maakt dat je een stuk steviger in je schoenen staat. Helaas is dit nog steeds niet vanzelfsprekend voor alle vrouwen.

Het seksdagboek van mijn moeder heeft meer met vrouwenemancipatie te maken dan je op het eerste gezicht zou denken. Aanvankelijk wilde ik er niks van weten: ik vond het een verschrikkelijk idee en had mijn oordeel al snel klaar. Maar toen ze me uitlegde waarom ze dit had geschreven, ging mijn feministische hart toch sneller kloppen. Want ze heeft een punt: eerlijk praten over seks is een taboe. Het boek is bedoeld om vrouwen te laten nadenken over hun seksleven, om ze te bevrijden van de schaamte die daar zo vaak mee gepaard gaat. Dus ik ben trots op haar. Maar het lezen? Geen haar op mijn hoofd die daaraan denkt.

Het beste nieuws ooit

Het is maandagochtend. Dochter Olivia belt. Ik hoor aan het achtergrondgeluid dat ze thuis is en niet op kantoor.

'Ik moet zo naar Hilversum, naar een klant,' vertelt ze.

Olivia werkt bij een grote bank en een van de bedrijven in haar portefeuille zit bij ons om de hoek.

'Heb je tijd voor koffie?' vraag ik.

'Ja hoor,' zegt ze.

'We moeten wel om twee uur weg,' zeg ik. 'Want we vliegen vanmiddag naar Portugal.'

'O ja,' zegt ze. 'Helemaal vergeten.'

Opmerkelijk. Olivia vergeet zelden iets.

Als ze een uur later arriveert, zie ik haar vriend achter het stuur zitten. Hij werkt bij haar op de afdeling, blijkbaar gaan ze samen naar die klant.

Ik loop naar de deur en gooi hem open.

'Pieter ook! Wat een bonus...' roep ik en verder kom ik niet, want ineens zie ik dat Olivia iets in haar handen heeft. Ze zwaait er vrolijk mee. Het zijn twee witte staafjes, die ik direct herken als zwangerschapstests.

Ik sla mijn handen voor mijn mond.

'Echt?' vraag ik.

Ze knikt stralend.

'Nee, o nee, is het echt?' Ik barst in tranen uit en trek haar in mijn armen.

Pieter heeft alles gefilmd. Later zie ik terug dat mijn gezicht heel lelijk is als ik huil en dat ik steeds maar 'nee' blijf roepen, alsof ik het niet durf te geloven. Ook maakt de video pijnlijk duidelijk dat ik vanaf het moment dat ik besef dat mijn dochter moeder wordt mijn schoonzoon volkomen negeer. We gaan naar binnen en pas als ik het filmpje terugzie, hoor ik hem vragen of hij misschien ook een knuffel mag.

Eenmaal in de keuken snik ik minutenlang door. Het lukt me gewoon niet om te stoppen. Bart voegt zich bij ons. Hij grijnst en feliciteert de aanstaande ouders.

We krijgen de details. De baby is zeer gewenst. Ze waren allebei gestopt met drinken. Ze hebben vanmorgen vroeg de test gedaan. En toen nog eentje, voor de zekerheid. Allebei positief. 'En toen belde ik jou.'

'Moet jij niet onderhand naar je klant?' vraag ik door mijn tranen heen.

'Ik heb helemaal geen afspraak,' lacht Olivia. 'We hebben allebei een dag vrij genomen. We rijden zo door naar pap.'

Opmerkelijk. Olivia en Pieter nemen zelden zomaar een vrije dag. Je ziet bankiers ook zelden zo stralen. Ze zijn helemaal verliefd.

'Weet je wat bizar is?' zeg ik. 'Toen jullie aanbelden was ik net aan het appen met iemand die binnenkort zijn eerste kind krijgt en dat nogal spannend vindt. Ik zei tegen hem: kinderen zijn geweldig. Ze zijn de gift die blijft geven. Ik moet hem vertellen dat ik oma word. Dit is zó toevallig.' Ik pak mijn telefoon.

Olivia trekt die meteen uit mijn handen.

'Mam! Je mag het nog tegen niemand zeggen. Het is nog veel te pril.'

'Tegen niemand?' herhaal ik verschrikt. 'Dit is het mooiste nieuws ooit. Het nieuws waarop ik zit te wachten sinds ik moeder ben. En dat mag ik tegen niemand zeggen?'

'Precies,' zegt ze streng.

'Hoelang?'

'Nou, we krijgen eerst nog de eerste echo, dan de NIPT-test, dan de twintig-weken-echo...'

'Moet ik twintig weken zwijgen?'

Ze knikt.

Ik begin maar weer te huilen. Amper oma en nu al incontinent. Dat belooft wat.

In mijn tijd had je dat allemaal niet

'Je mag best iets meer ontspannen, het komt allemaal goed,' zegt Ton als we het over onze zwangere dochter Olivia hebben. 'In de familie bestaat op dit moment de indruk dat er twee vrouwen in verwachting zijn,' voegt hij er met een lachje aan toe.

Hij heeft een punt. Oma worden is geweldig, maar ik wist niet dat het zo intens zou zijn. Het begint met de zenuwen. Hopelijk krijgt ze geen miskraam, hopelijk is de baby gezond, hopelijk krijgt ze geen zwangerschapsvergiftiging of andere ellende.

'Jij zou me het liefst tot aan de bevalling opsluiten,' zuchtte Olivia op zeker moment. Dat was nog voor de coronacrisis. Daarna bleef ze inderdaad thuis, maar toen loerde er weer een heel ander gevaar.

Naast mijn zenuwen bedwingen moest ik een hoop bijleren. Zwanger zijn is tegenwoordig totaal anders dan vroeger. Het eindresultaat is een baby, dat is zo'n beetje de enige overeenkomst. Echt, de afkortingen vliegen je om de oren: de NOD-dag, NIPT-test en NUB-theorie zijn standaardjargon voor aanstaande moeders. Ik moest het allemaal googelen.

En dan de eindeloze stroom feestjes en aanverwante activiteiten: eerst de grote zwangerschapsaankondiging, dan de *gender reveal party*, daarna de *babyshower* en tussendoor de *babymoon*, pret-echo's, zwangerschapshoot en babyshoppen. Het zijn vreselijke woorden, maar ik ga ze toch uitspreken:

In mijn tijd had je dat allemaal niet. Je had geen luiertaart, geen boobytags, geen bellyprint en zeker geen elektrische babywipstoel met audioaansluiting.

Oké, je wist dat je geen rauwmelkse kaas moest eten en dat je rauwe vis beter kon laten staan. Maar wij hadden geen app waarmee je elk gerecht kon intikken om te kijken of je het wel mocht eten. En ook geen app die per dag bijhield hoelang je zwanger bent en die je vertelt hoeveel gram je baby nu weegt en hoeveel centimeter hij/zij is. Geen online forum waarop vrouwen eindeloos met elkaar praten en foto's uitwisselen van hun zwangerschapstests en echo's: 'Ik zie een heel dun streepje, jullie ook? Mijn NOD was gisteren.' 'Volgens de NUB-theorie is dit een jongen. Toch?' Met daaronder tientallen reacties van andere zwangeren.

Wij kregen als je geluk had één echo op een groezelig papiertje en daar moest je het mee doen. De NIPT-test bestond niet. Bekkeninstabiliteit? Nooit van gehoord. Werd het een jongen of een meisje? Ik had geen idee. De bevalling was het gender reveal-moment. En gelukkig schoot niemand op dat moment een kanon af met gekleurde confetti.

Ik geef toe: ik heb een zwangerschapsapp gedownload, de uitgerekende datum ingevoerd en als babynaam 'Kleinkind' ingetikt. En ik heb me verbaasd over de ladingen informatie die zwangere vrouwen over zich heen krijgen. De app heet 24baby. Een perfecte naam, want het lijkt alsof alle vrouwen vanaf het moment dat ze besluiten zich voort te planten 24/7 met nog maar één ding bezig zijn: hun zwangerschap die moet resulteren in de perfecte bevalling en dito baby.

24baby geeft duizenden tips om ervoor te zorgen dat alles vlekkeloos verloopt. Ik beland bij het kopje 'Wat je vooral niet wilt lezen als je zwanger bent' en barst in lachen uit.

Op nummer 4 van dat lijstje prijkt *De gelukkige huisvrouw*.

Laat ik nou altijd gedacht hebben dat mijn boek de enige voorbereiding is die je nodig hebt. Dankzij de tangverlossing en de daaropvolgende postnatale psychose van hoofdpersoon Lea ben je op het ergste voorbereid. Dan valt de werkelijkheid doorgaans reuze mee. Een gedachte die deze aanstaande oma ook hoognodig in haar oren moet knopen.

Bevallen en opstaan

'Dag mam,' zegt Olivia met een dun stemmetje.

Het is dinsdagochtend halftien. Mijn dochter is sinds zondagnacht halfdrie aan het bevallen. Al eenendertig uur onderweg en nog steeds geen baby.

'Hoe gaat het?' vraag ik.

'Ze hebben net een ruggenprik gezet,' antwoordt ze. 'Ik hield het niet meer. Ik was zo moe. Ik had zoveel pijn. En pas vijf centimeter ontsluiting. De gynaecoloog zei: je kunt misschien nog het bad proberen. Maar ik wilde het bad niet proberen. Ik wilde dat de pijn zou stoppen.' Ze klinkt verontschuldigend.

'Ach vrouwtje, je hoeft het niet uit te leggen,' zeg ik. 'Je bent al zolang bezig. Voel je je nu beter?'

'Het is ongelooflijk,' zegt ze. 'De pijn is weg. Ik kan weer ademhalen. Ik ga even proberen te slapen. Pieter houdt je wel weer op de hoogte.'

Ze verbreekt de verbinding. Ik zucht diep. Hopelijk komt er nu schot in. Op een of andere manier had ik verwacht dat mijn dochter net zulke makkelijke bevallingen zou hebben als ik. Olivia kwam in zeven uur tijd ter wereld, Sam in drie uur. Beide keren had ik vanaf het begin meteen krachtige weeën, de ontsluiting ging vlot. Het persen duurde bij Olivia relatief lang, meer dan anderhalf uur. Sam had het voordeel van het gebaande pad en gleed er na amper een half uur uit. Beide baby's kwamen zonder knippen of scheuren ter wereld.

Bij Olivia was de placenta incompleet, dat was het enige schoonheidsfoutje. Ze was thuis geboren, maar we moesten alsnog naar het ziekenhuis om de restanten van de moederkoek onder narcose te laten verwijderen, want die zouden kunnen gaan ontsteken. Toen mijn bed naar de operatiekamer werd gereden, werd ik een beetje angstig. Ik was nog nooit onder narcose geweest en net nu ik moeder was geworden, moest het gebeuren. Wat als ik niet meer bijkwam? Dan zou mijn dochter zonder moeder opgroeien.

De verpleegkundige die mijn bed door de gang laveerde, zei: 'Mag ik u iets vragen?'

'Natuurlijk,' antwoordde ik. Ik vermoedde dat ze mijn laatste wensen wilde weten, voor het geval ik het niet zou redden.

'Uw man, die is toch van de televisie?'

Heel ontnuchterend. Maar ook geruststellend. Waarschijnlijk ging zij ervan uit dat ik de operatiekamer weer levend zou verlaten.

'Dat klopt,' zei ik.

'Ik dacht het al!' zei ze stralend. 'Die krullenbol van AT5, kan niet missen.'

De krullenbol zat intussen in de wachtkamer met zijn pasgeboren dochter. Hij mocht haar een flesje geven en ze keken samen gezellig naar *Beverly Hills 90210*, terwijl mijn baarmoeder handmatig werd leeggeschraapt.

Een bevalling is altijd spannend. 'Het blijft een kwestie van leven of dood,' zoals oma Van Royen, wijlen mijn schoonmoeder, altijd zei. Ik ben het hartgrondig met haar eens. Lichtvaardig denken over een geboorte en ervan uitgaan dat het vanzelf goed zal gaan omdat het een 'natuurlijk' proces is, is naïef en onverstandig. Er kan van alles misgaan en dat is precies wat je niet wilt.

In mijn debuutroman *De gelukkige huisvrouw* wordt de bevalling van Lea uitgebreid beschreven, iets dat nog niet eerder in een Nederlandse roman was vertoond. De scène beslaat 39 pagina's en is geënt op de bevalling van mijn beste vriendin Agaath, wier zoon ook met de tang werd gehaald, nadat de vacuümpomp twee keer losschoot. Toen Agaath haar bevallingsverhaal in geuren en kleuren vertelde, maakte dat diepe indruk op me. Ze herinnerde zich nog goed dat ze na de bevalling extra in de gaten werd gehouden door het verpleegkundig personeel. Die vroegen haar geregeld of ze geen last had van negatieve gevoelens ten opzichte van het kind. Of ze hem wel lief vond. Dit was volkomen in tegenspraak met het gedachtegoed van Beatrijs Smulders, de oppermoeder van alle verloskundigen, die zwangere vrouwen wil doen geloven dat pijn juist goed is voor de band met je baby. Dit bracht me op het idee om een helse bevalling het startpunt te laten zijn van Lea's psychose.

Mijn redacteur zei destijds: 'Die bevalling duurt te lang, ik haal er een paar weeën uit.' Mijn antwoord luidde: 'Bevallingen duren lang. Er gaat geen enkele wee uit.'

Hoofdpersoon Lea fulmineert in de roman tegen de Nederlandse bevallingscultuur: 'Ik heb een zoon gebaard. In 1998 heb ik hem ter wereld gebracht, al had ik dat net zo goed in 1698 kunnen doen. Sinds die tijd is de verloskunde in Nederland niet noemenswaardig veranderd. De "natuurlijke bevalling" is nog steeds in zwang.'

Lea is geen fan van de natuur: 'De natuurlijke bevalling is het ergste wat mij ooit is overkomen. Het was een slachting. Niet voor het kind, alleen voor mij. Dat schijnt zo te horen.'

In 2020, twintig jaar na het verschijnen van mijn debuutroman, bevalt mijn dochter na een 36 uur durende bevalling van een gezonde zoon. Een mooi moment om terug te blikken en vooruit te kijken: wat is er sinds 2000 in Nederland veranderd als het gaat om het baren van nageslacht? Hoe denken we tegenwoordig over de natuurlijke bevalling? Ik ga hierover in gesprek met dochter Olivia en hoogleraar gynaecologie Bas Veersema, die 35 jaar verloskunde heeft gedaan.

Olivia, jij hebt voor de geboorte van Spencer samen met Pieter een bevalplan gemaakt. Zoiets bestond nog niet in 2000. Hoe zag je plan eruit?

'Ik had me goed ingelezen en had een lichte voorkeur voor thuis bevallen als alles voorspoedig zou gaan. Eerst leek een thuisbevalling me gevaarlijker, zeker als er iets mis zou gaan, maar ik heb een cursus gevolgd en met een verloskundige gesproken en toen begreep ik dat er maar weinig vrouwen met spoed naar het ziekenhuis gaan. De voornaamste reden om toch naar het ziekenhuis te gaan, is niet spoed, maar pijnbestrijding of als het allemaal te lang duurt, aldus mijn verloskundige, hoewel ze geen exacte cijfers kon geven. Zij overtuigde me ervan dat het geen hoger risico inhield om thuis te bevallen en dat er altijd genoeg tijd was om alsnog naar het ziekenhuis te gaan, mocht de geboorte niet vlotten.'

Bas, waarom wordt de natuurlijke bevalling, het liefst thuis en zonder pijnbestrijding, in Nederland nog steeds beschouwd als de beste manier om een kind op de wereld te zetten?

'Thuis bevallen is een Nederlands cultuurgoed. Daar zijn we heel trots op. Het is een traditie die van moeder op dochter overgaat, niet een wetenschappelijk beredeneerde keuze. Wij vinden het uniek, maar je kunt er ook vraagtekens bij plaatsen. Onze cijfers als het gaat om baby's die voor, tijdens of vlak na de geboorte overlijden, zijn opvallend hoog in vergelijking met andere Westerse landen. Het gaat al beter dan een aantal jaar geleden, maar het is nog niet optimaal. Ik maak me niet populair als ik dit zeg, maar ik vind ons systeem nodeloos ingewikkeld. Bevallingen worden niet alleen gedaan door verloskundigen, maar ook door gynaecologen en arts-assistenten. Daar zit een financieel systeem achter dat met verkeerde impulsen werkt. Je zou willen dat een zwangere niet wordt gehinderd door onze organisatie, maar dat gebeurt nu wel.'

Verklaar je nader.

'Eerst de cijfers. Zeventig procent van alle zwangeren wordt aanvankelijk begeleid door een verloskundige. Die begeleiding gaat prima, verloskundigen geven veel aandacht aan hun cliënten, ze communiceren goed, er wordt een bevalplan gemaakt, enzovoort. Maar aan het einde van de rit bevalt zeventig procent van alle zwangeren bij de gynaecoloog wegens kleine of grote complicaties.'

Dat gebeurde bij mijn dochter ook. Ze had een hoge bloeddruk en te veel vruchtwater. En de baby zou te groot zijn. Ze is twee keer getest op zwangerschapsdiabetes. Wat ze niet had.

'Precies. Het gekke is dat je zodra er complicaties zijn veel kortere consulten krijgt, omdat een gynaecoloog niet zoveel tijd heeft. Bovendien is de kans groot dat je telkens iemand anders treft.'

Klopt. Ze heeft verschillende artsen gezien en die zeiden ook andere dingen. Het kind bleek uiteindelijk niet uitzonderlijk groot en over dat vruchtwater hebben we nooit meer wat gehoord.

'Ja, dat gebeurt dus als je een medische indicatie krijgt. Dan wordt alles gemeten en verdacht gevonden en is de communicatie lang niet altijd optimaal en dan verlies je het vertrouwen.'

Ik had geen idee dat 70% van alle bevallingen medisch zijn, ik dacht dat verloskundigen de meeste bevallingen deden.

'Nee, de traditionele verloskundigen, ofwel eerstelijns verloskundigen, doen nog maar 30% van alle bevallingen. In het ziekenhuis werken tegenwoordig ook klinisch verloskundigen die samen met de gynaecoloog zwangeren begeleiden en bevallingen doen. Als een eerstelijns verloskundige een bevalling overdraagt aan het ziekenhuis omdat deze niet vlot, dan kan het voorkomen dat de dienstdoende arts-assistent of de klinisch verloskundige deze overneemt. Met de gynaecoloog als achterwacht, maar het is natuurlijk zuur voor een verloskundige die soms al tientallen jaren ervaring heeft, dat zij haar cliënt moet overdragen aan de jongste bediende van het ziekenhuis. Dat is het rare van ons systeem.'

Het klinkt inderdaad ingewikkeld, want een bevalling kan dus worden gedaan door een verloskundige, een klinisch verloskundige, een arts-assistent of een gynaecoloog. Zoveel opties! Hoeveel zwangeren bevallen thuis?

'Uiteindelijk bevalt 15% van alle zwangeren thuis. Ook goed om te weten: tijdens de bevalling van een eerste kind gaat de helft van alle zwangeren alsnog over naar de gynaecoloog. Dat is nodig als de bevalling niet vordert of te pijnlijk wordt of de harttonen van het kind achteruit gaan. Er kan nog van alles gebeuren terwijl jij had gehoopt thuis te bevallen. Ik heb meegemaakt dat een verloskundige belde: "Ik kom naar het ziekenhuis" en dat het ziekenhuis zei: "Er is geen plaats, we liggen vol." Dan moest het volgende ziekenhuis gebeld worden. Dat is toch niet wenselijk? Het gaat nu beter dan vroeger, maar de zorg is nog behoorlijk gefragmenteerd en dat gaat me aan het hart.

De verloskundige van Olivia vertelde haar dat thuis bevallen geen extra risico inhield voor moeder en kind. Er zou altijd tijd genoeg zijn. Is dat hard te maken?

'Nee. Elke bevalling kan van perfect normaal in één keer omslaan in een zeer bedreigende situatie. Dat is verloskunde. Dus de hulptroepen moeten continu klaarstaan, tot en met de operatiekamer en de anesthesioloog en de kinderarts aan toe. In Zweden hebben ze dat goed geregeld met bevalcentra waar dit 24/7 het geval is. In ons land lukt dit helaas nog steeds niet in elk ziekenhuis. Het licht op de OK is niet altijd aan en het benodigde team is niet altijd aanwezig. Ik zou altijd willen bevallen in een professionele omgeving en niet thuis. Neem alleen al het hechten, dat na een knip of scheur moet gebeuren. Een verloskundige doet dat thuis, in iemands bed, met matig licht. Mijn voorkeur voor het hechten zou altijd uitgaan naar een een ziekenhuiskamer met een aangepast bed met beensteunen en goed licht.'

Olivia, hoe dacht je over pijnbestrijding?

'Ik had een folder over pijnbestrijding gekregen. De toonzetting daarvan gaf me wel heel erg het idee dat je beter niet voor pijnbestrijding kunt kiezen. De aanwezigheid van je partner en de endorfines die zouden vrijkomen, zouden je het beste helpen om alles te doorstaan, dat was de insteek. Mijn voorkeur ging dan ook uit naar bevallen zonder pijnbestrijding. Mocht dat veranderen tijdens het proces, dan zou ik een morfinepompje willen. Ik dacht: als ik op het punt kom dat het echt heel erg is, dan wil ik wel iets dat goed werkt, dus geen lachgas. Bij een ruggenprik heb je twintig procent kans op koorts, dan moet je ter observatie in het ziekenhuis blijven, dat leek me niet fijn. Morfine had van de sterkere pijnstillers de minste bijwerkingen, voor zover ik dat kon beoordelen. Een zinnetje dat me wel was bijgebleven: soms moeten mensen alsnog een ruggenprik, omdat de morfine niet sterk genoeg is.'

Bas, pijnbestrijding is lange tijd taboe geweest bij de Nederlandse bevalling. Nog steeds voelt het voor een vrouw vaak als een nederlaag als ze ervoor kiest. Wat is dat toch? Stel je voor dat een man een enorme niersteen heeft en de arts zegt: hij is eigenlijk aan de grote kant, maar toch is het het beste als je deze steen via de natuurlijke weg uitplast. Dat kan uren duren, het gaat hevig pijn doen, want hij moet helemaal vanuit de nieren door de urineleider naar je penis. Je krijgt geen enkele vorm van pijnbestrijding en de kans bestaat dat je penis uitscheurt of dat we hem moeten open knippen om de steen erdoor te laten. Dan zou toch geen enkele man accepteren?

'Die man zou zeggen: "Ik ben gekke henkie niet." Maar ook dit is weer een kwestie van cultuur. Een bevalling hoeft helemaal geen pijn te doen. De ruggenprik is de beste methode om dit te bewerkstelligen, hij is superieur aan alle andere vormen van pijnbestrijding. Tot 2008 waren vrouwen afhankelijk van het ziekenhuis waarin ze bevielen. Als ze pech hadden, was er in het weekeinde of in de avonduren geen anesthesioloog aanwezig en konden ze domweg geen ruggenprik krijgen. Pas in 2008 is er een richtlijn gekomen die stelt dat iedere vrouw bij een bevalling recht heeft op adequate en snelle pijnbestrijding, ook op een ruggenprik. Sindsdien is dit onderdeel van de zorg beter georganiseerd en kiezen ook steeds meer vrouwen ervoor. Punt is wel dat je de epiduraal alleen in het ziekenhuis kunt krijgen. Een verloskundige is haar cliënt kwijt als ze een ruggenprik wil en de zwangere neemt afscheid van haar verloskundige.'

Olivia, in jouw bevalplan schreef je over de gewenste sfeer: rustig, gedimd licht, warme douche, eventueel rustige muziek, geen klok. Ik moest daar stiekem al een beetje om glimlachen, omdat ik wist dat het er bij een bevalling doorgaans niet zo sereen aan toegaat. Hoe heb je de werkelijkheid ervaren?

'De bevalling viel me tegen. In het begin ging het nog wel. Verloskundigen zeggen dat je pas aan het bevallen bent als de weeën om de vijf minuten komen en minstens een minuut aanhouden. Dus technisch gezien was ik zondagnacht nog niet aan het bevallen, maar ik was er al die tijd natuurlijk wel mee bezig en had steeds weeën. Maandagochtend moest ik voor controle naar het ziekenhuis. Toen had ik pas anderhalve centimeter ontsluiting en werden we weer naar huis gestuurd.

De rest van de dag bleven de weeën komen en gaan. Om negen uur 's avonds gingen we weer naar het ziekenhuis. Ik had om zes uur, om zeven uur en om negen uur gebeld, omdat ik niet wist hoe ik de nacht zou moeten doorkomen. Ik kon niet slapen door de pijn en wilde weten waar ik aan toe was. In het ziekenhuis moest ik een paar uur wachten voordat iemand de ontsluiting kwam meten. Ik wist nog steeds niet of ik mocht blijven. Om middernacht werd de ontsluiting gemeten. Het was twee centimeter. Dat was een dikke tegenvaller, want voor mijn gevoel was ik al bijna 24 uur bezig. Ze heeft me toen meteen gestript.'

Wie heeft je gestript, de gynaecoloog?

'Nee, ik denk de dienstdoende arts. Het strippen deed weinig. Een uur later kwam ze terug en zei: ik kan nu je vliezen breken en een wee-opwekker geven of je kunt een slaapmiddel krijgen. Want ik denk niet dat je nog naar huis wil, zei ze er een beetje smalend bij. Dat vond ik niet zo aardig. Ik koos voor het slaapmiddel, omdat ik al 24 uur wakker was en behoorlijk uitgeput.'

Bas, jij bent in 2020 benoemd tot hoogleraar gynaecologie. In je oratie noem je de bevalling een noodzakelijk kwaad.

'Ja, zo zie ik dat wel. Het is een uitspraak van professor Jan Nijhuis, emeritus hoogleraar verloskunde Maastricht. Een bevalling kan in korte tijd bij zowel de moeder als het kind enorm veel schade veroorzaken, ook op lange termijn, maar wij hebben er in onze cultuur iets heel moois van gemaakt. We vinden het de grootste gebeurtenis van je leven. Maar dat is maar een mindset, hè? Amerikaanse vrouwen zeggen: dit is de meest afgrijselijke ervaring van je leven, die nemen vrijwel allemaal pijnstilling, dat zit in hun cultuur. En als die hier zijn, zeggen ze: jullie zijn knettergek.'

Jij pleit ervoor om niet, zoals nu het geval is, automatisch voor een vaginale bevalling te kiezen, maar eerst eens goed te onderzoeken of een keizersnede misschien een betere optie is.

'Het lichaam van een vrouw is door de eeuwen heen steeds minder geschikt geworden om een kind te baren. Doordat we rechtop zijn gaan lopen is ons bekken enigszins verwrongen geraakt en smaller geworden en de hoofdjes van baby's zijn groter dan eeuwen terug. Hierdoor zijn ingrepen zoals inknippen of de vacuümpomp vaker nodig. Talloze vrouwen lopen schade op tijdens vaginale bevallingen met incontinentie en verzakkingen als gevolg. In ons land worden jaarlijks zo'n 13.000 vrouwen geopereerd aan een verzakking van hun blaas, baarmoeder of darmen. Deze vrouwen hebben veel ongemak en pijn, maar praten daar niet graag over. Ik zou dat aantal graag lager zien. We zijn in Nederland ten opzichte van andere landen heel zuinig met keizersnedes, 17% van de bevallingen gebeurt via die weg. Natuurlijk is een keizersnede niet zonder risico's, maar het loont wel de moeite om de mogelijkheid in samenspraak met de vrouw te overwegen. Daardoor zou in de toekomst veel ellende kunnen worden voorkomen.'

Hoe is je oratie ontvangen?

'Mijn kop ging eraf. Het is not done om de vaginale bevalling in Nederland ter discussie te stellen. In Brazilië bevalt zo'n tachtig procent van de vrouwen middels een keizersnede, wij spreken daar schande van. Terwijl ik denk: moeten we niet eens onderzoeken hoe het met die vrouwen gaat? Misschien is het op lange termijn helemaal nog niet zo gek. Een voorbeeld: een zwangere vrouw is één meter vijfenvijftig lang. Haar moeder heeft altijd incontinentieklachten gehad. Ze draagt een kind van 4300 gram in de buik en ze is inmiddels 41 weken zwanger. Waarom zou je dan niet een keizersnede mogen overwegen? Waarom mogen we dat niet bespreken?'

Lea, de hoofdpersoon uit mijn boek, had een tangverlossing na twee mislukte pogingen met de vacuümpomp. Zij is inmiddels in de vijftig en de kans is dus groot dat zij bekkenbodemproblemen heeft?

'Dat zou me niets verbazen. Haar bevalling klinkt inderdaad verschrikkelijk. Op dat punt wil je helemaal niet belanden als arts. Als je dat had geweten, had je al veel eerder een andere afslag genomen. Welkom bij verloskunde, het hoort er helaas bij. Het kan soms zo fout gaan dat met meerdere handen aan een kind moet worden getrokken. Wij noemen dat Partus in Artis, ofwel het lijkt op veterinaire verloskunde. Dat is voor de moeder een zeer heftige ervaring. Ik heb ook weleens achteraf gedacht: ik heb die vrouw eigenlijk helemaal kapot gemaakt. Maar het kind leeft, daar ging het toch om? Ik realiseerde me niet genoeg dat zo'n bevalling een enorm trauma kan opleveren bij de vrouw. Daar dacht je simpelweg te weinig over na. Gelukkig is daar nu meer aandacht voor. Tangverlossingen zoals die van Lea komen tegenwoordig nauwelijks meer voor. Er zijn Nederlandse studies geweest waaruit blijkt dat het gebruik van forceps ofwel de verlostang schadelijk is voor het bekken, omdat je het te veel oprekt. De tang is daarna teruggestuurd naar het museum waar hij vandaan kwam. Ik was er wel heel behendig mee, vond de tang eleganter dan de vacuümpomp. In andere landen wordt hij nog wel gebruikt, maar hier zelden.'

Olivia, het is inmiddels dinsdag, 4:15 uur, je wordt wakker met heftige weeën. Hoe voelde je je toen?

'De weeën deden echt gemeen pijn en ze kwamen heel frequent. De taaiste uren van de bevalling braken aan. Om zes uur had ik vier of vijf centimeter ontsluiting, de arts wist het niet precies. De vliezen werden gebroken. Ik had daarna zoveel pijn en was zo vermoeid dat ik af en toe wegraakte. Mijn vriend bleef me aanmoedigen, maar het drong niet meer tot me door. Het enige wat ik wilde was dat het zou ophouden. En wat ik superirritant vond, was dat iedereen me de hele tijd vertelde dat ik rustig moest ademhalen. Probeer jij maar rustig adem te halen als het voelt alsof iemand zes messen in je steekt. De martelgang sleepte zich voort tot half acht, toen werd vijf centimeter ontsluiting gemeten. Het besef dat ik pas halverwege was, na zoveel pijn en meer dan een dag zwoegen, brak me op.

"Wil je misschien in bad?" zei de arts. "Ik vraag dit omdat je in het bevalplan hebt aangegeven dat je liever geen pijnbestrijding wilt."

"Dat plan heb ik allang losgelaten," antwoordde ik. "Ik wil een ruggenprik."'

Na anderhalf uur kwam de anesthesist. Was je blij?

'Het was de langste anderhalf uur uit mijn leven. Hij verontschuldigde zich dat hij zo laat was, het mag maximaal een uur duren nadat je erom hebt gevraagd, maar ze hadden een wisseling van de wacht gehad. Ik zei: het geeft niet. Toen bedacht ik me. Waarom was ik zelfs op dit moment beleefd? Ik neem dit terug, zei ik, ik vind het wel erg, want ik heb superveel pijn. Nog voor hij kon antwoorden, kreeg ik weer een wee.

Daarna werd de ruggenprik gezet. Het was een verschil van dag en nacht. Ik had geen pijn meer. Een enorme opluchting. Ik kon weer praten en lachen. Ik heb zelfs mijn make-up gedaan. Daarna heb ik jou gebeld en toen ben ik even gaan slapen. De rest van mijn bevalling verliep perfect. Doordat ik geen weeën voelde, konden we nadat ik volledige ontsluiting had nog anderhalf uur wachten met persen. In die tijd zakte de baby zelf al diep in het geboortekanaal zonder dat het enige moeite kostte. Het persen ging heel vlot, dat duurde maar een half uur. De ruggenprik bleef gewoon zitten, het deed geen pijn. Spencer kwam zonder kleerscheuren of ingrepen ter wereld. Hij woog 3500 gram en was 50 centimeter.'

Vrouwen die kiezen voor een vorm van verdoving of wier bevalling eindigt met een keizersnede of een andere ingreep, blijven soms nog lang met een schuldgevoel rondlopen omdat ze het niet helemaal zelf hebben gedaan. Herken je dat?

'Ja, het voelt toch alsof je een beetje hebt valsgespeeld. Als ik mijn bevallingsverhaal vertel, zeg ik het er ook altijd bij: maar ik heb wel een ruggenprik gehad. Dat gevoel alsof ik me moest verontschuldigen had ik vooral vlak na de bevalling. Nu ben ik eigenlijk vooral boos dat de heersende cultuur me vooraf het idee heeft gegeven dat een bevalling zonder ruggenprik beter zou zijn. Terwijl ik het iedereen zou aanraden. Ik zeg nu tegen vriendinnen: je moet het helemaal zelf weten, maar als de pijn je te veel wordt en je twijfelt, dan zou ik het vooral doen.'

Bas, wordt het tijd voor een cultuuromslag?

'Die is al gaande en dat is goed. Vroeger had je boerinnen die zwaar lichamelijk werk verrichtten en veertien kinderen baarden en zo hun lichaam de vernieling in hielpen zonder te mopperen, maar die tijd is voorbij. Vrouwen worden steeds ouder, hoe meer gezonde en traumavrije jaren, hoe beter. Ik vind het jammer dat de bevallingen van onze koningin niet uitgebreider zijn gedeeld. Het is niet ondenkbaar dat Máxima een ruggenprik heeft gehad, maar daar worden geen mededelingen over gedaan. Als zij dat had gecommuniceerd, was dat ongetwijfeld een opsteker geweest voor de vele vrouwen die het niet aandurven of die er wel voor hebben gekozen en zich er onterecht schuldig over voelen. Dat zou enorm geholpen hebben.'

Olivia, hoe heeft Pieter de bevalling beleefd?

'Pieter was gedurende de hele bevalling ontzettend opgewekt. Hij vond het allemaal prachtig, die oerkrachten. Na de ruggenprik zei hij dat het toch wel fijn voor me was dat ik het eerste deel van de bevalling met al die pijn ook had meegemaakt. Zodat ik dat tenminste ook had gevoeld. Dat ergerde me, want hij kon dat makkelijk zeggen. Zijn argument was: voortplanting is waar de mensheid om draait. Om dat in de meest natuurlijke vorm te beleven, dat moet toch wel iets waard zijn. Ik weet niet of het al die pijn waard was, zei hij, maar het moet toch iets betekenen.'

En wat was daarop jouw antwoord?

'Dat hij als hij ooit een operatie moet ondergaan, dit zonder pijnstilling moet doen. Kijken hoe hij het vindt om iets in de meest natuurlijke vorm te beleven.'

Je hebt er wel een lief en mooi kind aan overgehouden, toch?

'Ja, dat is ook zo'n onzinuitspraak: je krijgt er zoveel voor terug. Het is niet alsof je er meer voor terugkrijgt als je meer pijn hebt. Dat is alsof iemand je eerst heel hard tegen je schenen schopt en je daarna een cadeau geeft. Is het cadeau dan nog leuker? Ik denk het niet. Spencer is van zichzelf lief en mooi, hij is geweldig, maar dat was hij al voor zijn geboorte.'

Naschrift: de Rijksvoorlichtingsdienst laat desgevraagd weten geen mededelingen te doen over de bevallingen van koningin Máxima omdat dit het privédomein betreft.

55 – 34 = 21

Mijn vriend is jonger dan ik. Veel jonger. Dat roept reacties op. In de media wordt Bart vanaf dag één van onze relatie steevast *toyboy* genoemd. Een losse greep uit de online artikelen die zijn verschenen:

– Heleen met toyboy over de rode loper.
– Toyboy Heleen moet wennen aan aandacht.
– Heleen naar Griekse zon met toyboy.
– Toyboy Heleen geniet met volle teugen.
– Heleen straalt met toyboy.
– Heleen ontvangt toyboy in haar Portugese *casa*.
– Heleen verloofd met toyboy.
– Heleen woont samen met toyboy.

Let wel: we hebben het niet over een minderjarige puber, maar over een volwassen man van vierendertig jaar met wie ik inmiddels zeven jaar een relatie heb.

De (ex-)geliefden van Patricia Paay, Katja Schuurman en Jennifer Lopez krijgen dezelfde behandeling:

– Toyboy mept om eer Patricia Paay.
– Dit is de toyboy van Katja.
– Katja: toyboy 'heerlijk'.
– Jennifer Lopez herenigd met toyboy.

Laten we nu eens kijken naar artikelen over Rob de Nijs, Henk Bleker en Mick Jagger, allen in een relatie met zeer jonge vrouwen:

– Rob de Nijs en Henriette eindelijk echt samen.
– Vrouw Rob de Nijs knapt op na emotionele ingreep.
– Bleker met vriendin op dienstreis.
– Barbara (29) dolgelukkig met Henk Bleker (61).
– Nieuwe vriendin Mick Jagger is beroemde ballerina.

Koppensnellend kom ik geen denigrerende benamingen tegen. Natuurlijk (?) wordt er gerept over het leeftijdsverschil, maar lang niet zo vaak en uitgebreid als bij bekende vrouwen die voor jong kiezen.

Linda de Mol is zeven jaar ouder dan haar Jeroen. Zelfs hij werd aanvankelijk tot toyboy gebombardeerd. Kan iemand uitleggen waarom? Als Jeroen zeven jaar ouder was, zou er geen haan naar kraaien.

Het is een niet uit te roeien ongelijkheid: mannen mogen meer dan vrouwen. Als ze veel vrouwen versieren, zijn het gezonde jagers. Vrouwen heten in dat geval sletten of nymfomanen. Mannen met een (veel) jongere vrouw hebben het gewoon goed voor elkaar. Vrouwen heten *cougars* of *cradle snatchers* en hun geliefden worden weggezet als onbeduidende speeltjes.

Last but not least krijg je als vrouw met een jonge vriend voortdurend dezelfde vragen om de oren.

'Jij bent vijfenvijftig en hij is...? Vierendertig? Dus dan schelen jullie...?'

'Dus toen hij werd geboren, was jij...?'

'Heeft hij een kinderwens?'

'En wat nou als hij die krijgt?'

'Wat vindt je moeder ervan? En je kinderen? Je ex? Zijn ouders?'

'Is dit nu echt voor eeuwig, denk je?'

'En als hij straks iemand van zijn eigen leeftijd wil?'

Geachte nieuwsjagers: ik heb een vriend. Hij heet Bart. We houden zielsveel van elkaar. We hopen dat het lang duurt, net zoals iedereen die in een vaste relatie zit. Einde verhaal.

Bruiloft in Boedapest

Een vriend van Bart ging trouwen. Attila is een Hongaar die in Nederland woont. Hij en zijn aanstaande Rita nodigden ons uit om naar Boedapest te komen voor de bruiloft.

'Hoe ziet een Hongaarse trouwerij eruit?' vroeg ik nieuwsgierig.

'We eten veel,' antwoordde Rita ernstig. 'Want we drinken veel.' Waarna ze een avond schetste die bestond uit vele gangen met lokale gerechten, veel drank en veel muziek.

'We gaan door tot vijf uur 's ochtends,' zei Rita op een toon die geen tegenspraak duldde. 'Maar maak je geen zorgen. Je krijgt genoeg te eten om het vol te houden. En genoeg te drinken.'

Een gewaarschuwd mens telt voor twee. Na de plechtigheid in de kerk besloot ik het tijdens het diner rustig aan te doen. Drank en ik gaan niet zo goed samen, dus hield ik het bij een wit wijntje en veel water. De stemming was opperbest toen de tafels werden afgeruimd en het bruidspaar de openingsdans uitvoerde. Een uurtje later werd op de inmiddels volgestroomde dansvloer de bruidstaart aangesneden. Rita gaf Attila een zo groot mogelijke eerste hap, want dat zou geluk brengen. Na de taart was het tijd voor *pálinka*, een vruchtenbrandenwijn met een alcoholpercentage van 52. De pálinka werd in iets te grote glaasjes geserveerd. 's Lands wijs, 's lands eer, dacht ik toen ik het eerste glaasje achteroversloeg. Het smaakte naar meer. Vraag me niet waarom, maar in korte tijd 'atte' ik een stuk of vier pálinka's. Misschien waren het er vijf, dat kan ook. Ineens bevond ik me in de armen van een jongeman in een wit overhemd met wie ik iets te enthousiast danste, wat me een boze blik van Bart opleverde, die met de naweeën van een gebroken enkel kampte en noodgedwongen toekeek. Toen ik Bart naar het herentoilet zag hinken, maakte ik me los uit de armen van het witte overhemd en huppelde hem achterna. Ik moest ook plassen en probeerde dat op een van de pisbakken te doen, wat ik zelf erg lollig vond, maar Bart minder. Hij duwde me een toilethokje in. Daar ging het licht uit. Figuurlijk. Minuten vergleden. Er werd op zeker moment hard en lang op de deur gebonsd, maar ik kon alleen zachtjes kreunen. Bart forceerde het slot en trof mij liggend op de vloer aan, in een innige omhelzing met de pot, mijn hoofd op de bril en mijn D&G-jurk onbetamelijk omhooggestroopt. Vloekend probeerde hij me overeind te hijsen, wat deerlijk mislukte.

'Heb je al gebraakt?' vroeg hij. 'Je moet overgeven. Dat helpt. Stop je vingers in je keel.'

Ik bewoog mijn hand, maar kon mijn keel niet vinden. Ten einde raad duwde Bart zijn eigen vingers in mijn strot. Ik schijn een compleet Hongaars vijfgangendiner te hebben geloosd, deels over zijn arm, deels in de pot.

Na het braakfestijn sleepte Bart me met hulp van het witte overhemd naar een nabijgelegen hotelkamer, waar ik me wederom op de grond liet vallen. Hij hielp me in bed en ging naast me liggen. Na een paar uur werd ik wakker omdat ik gestommel hoorde.

'Ik moet plassen,' fluisterde ik tegen Bart. 'Waar is de wc?'

'Die is hiernaast,' siste hij. 'Maar ik zou even wachten tot Attila en Rita weg zijn. Ze zijn hun spullen aan het pakken en vertrekken nu naar hun appartement.'

'Waarom?'

'Omdat je in de bruidssuite ligt.'

Tieten, schieten, helikopters

Bart en ik zijn uitgenodigd voor een feest. Een groot feest met een James Bond-thema. De dresscode is *a touch of 007*.

'Kan ik eindelijk mijn kilt aan!' roept Bart verheugd.

'Sorry?'

'In de zesde Bond-film speelt George Lazenby de rol van James Bond. Hij draagt daarin een kilt. Ga ik ook doen. Met erboven een smokingjasje. Heel bruut.'

Het blijft me verbazen hoeveel onbenullige feiten mannen onthouden en hoeveel belangrijke feiten ze vergeten, zoals hoe laat ze die avond thuis zouden zijn.

'James Bond,' mijmer ik hardop. 'Dat is tieten, schieten, helikopters.'

Bart knikt.

'Dan ga ik die blote jurk van Olivia lenen. Die heeft een decolleté tot aan de navel, een mega-split en een open rug.'

Goed idee, vindt Bart.

'Moeten we wel even naar de bouwmarkt.'

'Waarom?'

'Ik kan geen beha aan onder die jurk. Dus ik moet mijn borsten fixeren à la Kim Kardashian. Zij doet dat met klustape, ik heb het op Instagram gezien.'

Bij het schap met tape staan we voor moeilijke keuzes. Er zijn zoveel soorten, maar welke is geschikt voor borstfixatie? We durven geen medewerker aan te schieten, nemen het zekere voor het onzekere en kiezen voor universele ducttape met extra power plus een rol dubbelzijdig tape, zodat ik de jurk ook kan vastzetten aan mijn huid. Je wilt niet dat de gordijnen openschuiven en de boel eruit rolt.

Voorpret is halve pret en op de avond van het feest, nadat vriend/kapper Mika mijn haar en make-up heeft gedaan, halen we de tape tevoorschijn.

'O god, dat durf ik niet, hoor,' giert Mika.

'Bart, jij bent handig,' zeg ik.

'Je had dit moeten oefenen,' vindt Mika. 'Op de avond zelf is het te laat.'

Bart haalt de tape uit de verpakking.

'Begin onder de borst, ga langs de zijkant tot aan mijn schouder en zet het daar vast. Zo doet Kim het ook,' instrueer ik hem, terwijl ik mijn linkerborst omhoogtrek, zodat die vast in een pronte positie verkeert.

Bart doet zijn best. Het gehannes met tape en vrouwenvlees is allesbehalve sexy, ik geef het toe. Maar het resultaat is top. Mijn vriendinnen zijn gelift en als ik de jurk aantrek, zie je geen tape meer, maar een decolleté waar Dolly Parton een puntje aan kan zuigen.

Bart houdt 'zijn' constructie de hele avond als een havik in de gaten. Als de tape dreigt los te laten, legt hij zijn hand zogenaamd liefdevol op mijn schouder en wrijft intussen de boel weer vast.

Na afloop van het feest komen we moe maar gelukkig thuis. Bart is enigszins dronken.

'Nu moet-ie eraf,' zeg ik terwijl ik mijn jurk uitdoe.

'Ik help je wel, we doen het net als met een pleister!' roept Bart enthousiast. Voor ik kan protesteren pakt hij de onderkant van het stuk tape, en *rats!* – in één keer los.

Mijn borst staat in brand.

'Dit had met beleid gemoeten. Het is bouwtape, geen Hansaplast,' kreun ik, terwijl ik het gehavende gebied inspecteer. Mijn borst is rood en bloedt een beetje. Dr. No heeft een paar stukjes huid meegenomen.

'Sorry,' hakkelt Bart. 'Ik zal het nooit meer doen.'

You only live twice. Never say never again.

Het herentoilet

Bart en ik zijn net door de douane en staan op Faro Airport in Portugal.

'Onze vlucht vertrekt pas over een uur. Wat zullen we doen?' vraagt Bart.

'Even seksen op de wc?' zeg ik met een knipoog.

Toen Bart en ik elkaar net kenden en we voor het eerst samen op vakantie gingen, belandden we in het holst van de nacht op een van de toiletten op Schiphol, waar ik gretig zijn broek omlaagtrok. We waren in die fase van onze relatie waarin je niet langer dan vijf minuten van elkaar af kunt blijven. Ik bevredigde hem oraal, onze onbesuisdheid kende geen grenzen. Wat ook hielp, was dat we al een halve fles whiskey soldaat hadden gemaakt, die we in de taxfreeshop hadden gekocht onder het motto: *see, buy, drink, fly*.

Lang verhaal kort: we werden twee keer omgeroepen, misten bijna onze vlucht, maar gelukkig was de purser zo aardig om ons nog aan boord te laten, als allerlaatsten, hijgend en wel en met ongefatsoeneerde kleren.

'Dat waren nog eens tijden,' zegt Bart met een glimlach. Hij pakt mijn hand, trekt me mee het herentoilet in en duwt me in een van de hokjes, samen met onze handbagage. Een beetje giechelig sta ik toe dat Bart me omdraait en mijn rok omhoogdoet. Hij heeft zijn roltas dwars op het toilet gelegd, ik steun erop met mijn ellebogen. In de verte klinkt het geroezemoes van voorbijgangers. Tot zover geen vuiltje aan de lucht.

Dan horen we dat een man de ruimte betreedt. Hopelijk leegt hij zijn blaas in een van de urinoirs en is hij snel vertrokken. Maar niets daarvan: hij neemt plaats in het hokje naast het onze. We houden onze adem in. Meneer is gekomen voor de grote boodschap. Daaraan voorafgaand laat hij enige lucht ontsnappen. Elk daaropvolgend geluid uit het naburige hokje is makkelijk te duiden: de plas, de plons, het rollen van het wc-papier, het geveeg. Bart, die nog steeds in me zit, bevriest. Ik druk mijn gezicht tegen zijn roltas en bid dat het snel voorbij is.

De man is klaar. Hij hijst zijn broek op en gespt zijn riem vast. Morrelt aan de deur. Morrelt nog een keer aan de deur. En nog eens.

Ik draai me om en kijk Bart met grote ogen aan.

Dit Kan Toch Niet Waar Zijn?

De man blijft aan de deur rammelen, ik probeer mijn lachen in te houden. We durven niet meer te bewegen.

Na wat een eeuwigheid lijkt weerklinkt het geluid van een klapdeur, gevolgd door een vrouwenstem.

'*Are you alright in there, love?*'

'*Yes... well, I can't get out,*' antwoordt de man.

'*I will get some help.*'

Ik wil heel hard 'nee' schreeuwen. Krijg visioenen van een binnendenderend Portugees leger dat alle hokjes ontzet, ook het onze, en de vernedering die daarop zal volgen.

Intussen lijkt de tijd stil te staan, net als wij.

De man rukt weer aan de deur. Dit keer schiet die open. We horen zijn voetstappen verdwijnen, de klapdeur dichtslaan, gevolgd door een verlossende stilte.

Ik lach een tikje hysterisch. 'Ik was als de dood dat hij onze voeten zou zien. Hij kon zo onder de deur door kijken.'

'Volgens mij had hij niks in de gaten.' Bart hijst zijn broek op. 'En nu rennen, schat, want straks missen we echt onze vlucht.'

Gênante gesprekken

Herinner jij je nog hoe vaak je vorige zomer seks hebt gehad? Was het elke week? Weet je nog hoe vaak je een orgasme hebt gehad? Hoeveel keer je soloseks hebt gehad? Kun je ergens naslaan of je op 14 juli 2017 seks hebt gehad? Op 17 juli? Of op 9 augustus? Waarschijnlijk heb je geen idee. Ik wel. Ik kan het je allemaal heel precies vertellen. Op 14 en 17 juli hebben Bart en ik seks gehad en op 9 augustus ook. Op 14 juli en 9 augustus hadden we allebei een orgasme, op 17 juli alleen Bart.

Om mijn seksleven in kaart te brengen heb ik een jaar lang een dagboek bijgehouden. Alles staat erin: waar we ons bevonden toen de seks begon, wie het iniatief nam, hoe het verloop was, of er glij- of andere hulpmiddelen aan te pas kwamen en of de seks in een hoogtepunt resulteerde. Als we geen seks hadden, schreef ik niks op. Als ik zin had en het kwam er niet van, omdat Bart dronken in slaap viel, noteerde ik dat wel.

Ik heb de vrijpartijen niet mooier gemaakt dan ze waren. De beschrijvingen zijn vrij droog – ahum – en zonder opsmuk. Omfloerste termen als 'genotsknopje', 'roede' of 'liefdeswapen' kom je niet tegen.

In het begin was het raar om de seks gedetailleerd te beschrijven, maar het wende snel. Ik moest de daad zo snel mogelijk uitwerken. Als ik te lang wachtte, was ik dingen vergeten en dat leverde gênante gesprekken met Bart op.

'Zeg schat, was het nou zaterdag of zondag dat we het deden?

En zat ik op je toen je klaarkwam? Of jij op mij?'

'Weet je dat nou echt niet meer?!' Bart reageerde steevast verbolgen. Vanaf dat moment greep ik na elke vrijpartij mijn mobiel om de seks even in een paar steekwoorden – ahum – te noteren. Niet erg romantisch, wel doeltreffend.

Het bijhouden voelde als een wetenschappelijk onderzoek. Ik opereerde als een moderne antropoloog, en dat zou resulteren in een uniek boek. Want waar kun je een seksleven naslaan? Nergens. Er zijn wel dagboeken over seks, maar die zijn doorgaans geschreven door mannen of vrouwen die een seksleven hebben met veel wisselende contacten. Een dagboek over een doorsnee monogame relatie bestond nog niet, voor zover ik wist.

Seks is een gevoelig onderwerp, zeker voor vrouwen. Seks is synoniem aan schaamte. Om seks te hebben moet je de schaamte overwinnen, je letterlijk en figuurlijk blootgeven. Het boek bood me de mogelijkheid om al mijn gedachten en theorieën over vrouwelijke seksualiteit te ontvouwen.

Het duurde even voor ik Bart ervan had overtuigd dat dit boek er moest komen, maar gelukkig stond hij ervoor open. Sterker: hij heeft er zelf ook een stuk in geschreven. Je hoeft het dagboek niet te lezen, maar mocht je dat wel doen, dan hoop ik dat het je bevrijdt. Dat het je de ruimte geeft om zonder schaamte naar je eigen seksleven te kijken. Om erover na te denken, het te evalueren en wellicht bij te sturen. Om er iets van te maken waar je met plezier aan denkt. Want je hebt maar één leven, en ook maar één seksleven. *Grab it with your pussy!*

De kleine lettertjes

Bart en ik landen op Palma de Mallorca voor een korte vakantie. Onze koffers komen vlot door, we lopen in de richting van de uitgang en geven elkaar een knipoog. Deze keer zal het goed gaan. We hebben er het volste vertrouwen in. Na een schier oneindige reeks van slechte en vooral kostbare ervaringen met autoverhuurders zijn we nu op de hoogte van elke denkbare valkuil die we moeten omzeilen. Een ezel stoot zich geen viermaal aan dezelfde steen, nietwaar?

Om duistere redenen rust er tot dan toe een vloek op onze huurauto's. Echt, de wet van Murphy treedt in werking zodra Bart of ik 'car rental' googelen. Alles wat mis kan gaan, gaat gegarandeerd mis.

Zoals die keer dat we een Ford Fiesta in Griekenland hadden gereserveerd, verzekerd en wel. Toen we aankwamen, beweerde de man bij de servicedesk dat deze verzekering helaas niet geldig was, want die liep via Car Trawler. Hij had niks te maken met Car Trawler. We moesten ons bijverzekeren voor twintig euro per dag. Ik vertikte het. Dan kreeg ik de auto niet mee, zei hij schouderophalend – prettige dag verder. Vloekend ging ik overstag. Car Trawler op hoge poten gebeld en gemaild, nooit meer wat van vernomen.

Of die keer dat we aan de balie stonden en we hoorden dat we tijdens de huurperiode maximaal 250 kilometer met de auto mochten rijden. Een limiet? WTF? Die had ik nergens gezien.

'Staat toch echt in de kleine lettertjes, mevrouw.' We waren al snel over de limiet heen. En de kassa bleef rinkelen.

Of die allerergste keer in Portugal, mijn voormalige thuisland, waar de verhuurster ontdekte dat de creditcard waarmee de auto was gereserveerd op mijn naam stond en niet op die van Bart, die ik als hoofdbestuurder had aangemeld. Kapitale fout, volgens haar. Om dit administratief recht te zetten moest ik dokken, en flink ook. Ik werd gek. Achter me stond een rij geïrriteerde Nederlanders die hun auto ook graag wilden meenemen, maar ik bleef stampij maken. De vrouw gaf geen krimp. Het was Bart die uiteindelijk zijn pinpas trok en de rekening voldeed.

Aan het einde van onze vakantie stond het valse kreng er weer. Het was vijf uur 's ochtends. Ik begon al te schuimbekken toen ik haar zag. 'U levert de auto een halfuur te vroeg in,' zei ze met een uitgestreken gezicht. 'Dat betekent een boete.' Ik ontplofte. Alle Portugese scheldwoorden die ik nog kende kwamen eruit. 'Waag het niet om nog meer geld van mijn creditcard af te halen,' beet ik haar toe. 'Ik heb bijna negentigduizend volgers op Twitter, ik zal ze allemaal vertellen dat ze nooit, maar dan ook echt nooit een auto bij Drive on Holidays moeten huren!' Bart schaamde zich kapot en trok me bij de servicedesk vandaan.

Op Mallorca melden we ons goedgemutst bij de balie. 'We hebben een auto gehuurd,' zegt Bart, en hij geeft zijn naam door.

De Spanjaard kijkt op computer. Klikt. Typt wat in.

'Ik zie geen auto onder deze naam.'

Computer says no. Ik begin te zweten.

'Hij moet er zijn,' zegt Bart zelfverzekerd. Hij pakt zijn mobiel en laat de man zijn reservering zien.

De man typt weer wat in op zijn toetsenbord.

'Ah,' zegt hij dan. 'U hebt inderdaad een auto gehuurd. Voor vorige maand. Maar die hebt u niet opgehaald.'

Bart trekt wit weg.

Deze Spanjaard probeert ons niet te naaien. Bart blijkt bij het boeken de verkeerde maand te hebben ingevoerd. Ik kan hem wel schieten.

'Geen probleem. U kunt een andere auto bij ons huren. Maar we hebben alleen nog grote. En de vroegboekkorting bent u kwijt.'

De huurauto kost nu twee keer zoveel. Ik laat mijn hoofd zakken en begin ermee op de desk te bonzen. Bart klopt me op mijn rug. 'Dit wordt een column,' zeg ik ten slotte. 'Dat is de enige manier om deze vakantie terug te verdienen.'

Een naakte chick

'Wanneer gaan we weer eens iets spannends doen?' vraagt Bart.

Sinds ik *Sexdagboek* heb geschreven praten Bart en ik makkelijker over seks dan ooit. Daar ben ik blij om. Seks is een onderwerp dat na jaren soms geruisloos uit de conversatie en helaas ook uit de relatie verdwijnt.

'We zouden een koppelmassage proberen, weet je nog?' antwoord ik.

'O ja. Hoe zat dat ook alweer?'

Een vriendin van mij was laaiend enthousiast teruggekomen van een koppelmassage bij een club ergens diep in de provincie. Ze had samen met haar vriend een uitgebreide erotische massage gehad door twee hitsige dames. Na de happy ending stonden er een dampend bubbelbad met een drankje en een hapje voor hen klaar. 'Als je erheen gaat, vraag dan om Sandy. Zij kan vingeren als geen ander,' bezwoer ze me.

'Klinkt perfect,' vindt Bart. 'Boek jij het?'

Nu sta ik bekend als schaamteloos, maar ook mij overvalt enige schroom als ik een erotische massage moet bestellen.

'Goedemiddag, u spreekt met Heleen... eh... van Royen, ik bel voor een koppelmassage.'

'Dat kan. Wanneer?' De vrouw klinkt vriendelijk met haar zachte g.

We komen een datum overeen.

'O ja, en ik wil graag Sandy.'

'Helaas mevrouw, Sandy werkt die dag niet. Zij werkt de komende maanden niet.'

Zul je altijd zien.

'We hebben trouwens ook een mannelijke masseur – moet ik die voor u regelen? Die komt alleen op aanvraag.'

'Eh... ja, doet u maar.'

Ik hang een beetje onzeker op. Ik heb geen idee hoe deze mannelijke masseur eruitziet en of hij goed is.

Twee weken later stappen Bart en ik in de auto op weg naar de massagesalon. We zijn opgetogen. Het is een eind rijden, het is druk, onderweg bel ik om te zeggen dat we vijf minuutjes verlaat zijn.

'Geeft niet,' zegt die vriendelijke stemweer, 'de masseur is er ook nog niet.'

Als we bij de club arriveren, worden we binnengelaten door een muizige dame op pantoffels. 'Uw masseur is er nog steeds niet,' zegt ze. 'Wilt u in de wachtkamer wachten?'

Ze zet ons neer in een benauwde ruimte met okergele muren, nep-Romeinse bogen en lampen met leren kappen. Ik waan me in een pizzeria in de jaren zeventig. Op de glazen tafel ligt een stapel roddelblaadjes. We krijgen een kop koffie. Het is doodstil.

'Ik raak hiervan niet echt in de stemming,' fluister ik.

Na een kwartiertje komt de muizige dame terug.

'Onze masseur is nog steeds onderweg, maar we hebben een ander probleem. De dames die nu in huis zijn, doen geen koppelmassage. U kunt dus alleen in aparte ruimtes worden gemasseerd en niet samen. Is dat erg?'

'Tja, het hele idee was een gezamenlijke ervaring.'

'Dat begrijp ik. Denk er maar even over na.'

Ze sloft weg.

Ik kijk Bart met grote ogen aan. 'Wat wil jij? Ik vind deze wachtruimte al vreselijk, laat staan hoe het hierachter is. Als we door die deur stappen, kunnen we niet meer terug. Op de website stond dat je zelf je masseuse mocht uitkiezen, maar dat is dus ook niet waar. En we kunnen niet samen. Sorry hoor, ik zie het niet zitten.'

Bart heeft het zwaar. Hij had zich verheugd op een lange middag vol erotiek. Nu zit hij met een gestreste vrouw en een kop lauwe koffie in een gedateerde wachtkamer met een oude *Story* op schoot in plaats van een naakte chick.

'Je hebt gelijk,' geeft hij na enig aarzelen toe. 'Dit wordt 'm niet.'

We vertellen de vrouw dat we een andere keer terugkomen. Wat we niet menen.

Ze knikt. 'Er zijn weer flitscontroles vanmiddag, let op als jullie op de provinciale weg rijden,' laat ze ons moederlijk weten.

Als de deur achter ons dichtvalt, haal ik opgelucht adem. 'Hier kom ik nooit meer terug.' Het voelt alsof ik ergens aan ontsnapt ben. Maar ik voel me ook een bangepoeperd.

'En nu?' vraagt Bart.

'Plasseks?' probeer ik. 'Xtc? Bondage?'

'Wat jij wilt,' klinkt het mat.

Mijn kleine triomf

Bart is een avondmens, ik ben een ochtendmens. Bart wil graag minstens een uur snoozen voor hij uit bed stapt. Zijn wekker gaat dan elke tien minuten af. Het is een irritant geluidje.

'Ik ga me voortaan laten wekken door muziek,' zegt hij op een zondagochtend. 'Dat is veel prettiger.' Hij verandert de instelling op zijn telefoon en zet de wekker over één minuut om het te testen.

Na zestig seconden klinkt het irritante geluidje en geen muziek.

'Huh?' zegt Bart. Hij herhaalt de handelingen.

Minuut later: irritant gepingel. Geen muziek.

'Die rottelefoon,' moppert hij. 'Altijd wat mis mee.'

Ik zwijg wijselijk.

Bart doet nog een stuk of drie pogingen, met telkens weer hetzelfde resultaat.

'Ik heb zin om dat ding uit het raam te gooien,' gromt hij.

'Zal ik het een keer proberen?' vraag ik liefjes.

'Nee,' klinkt het bot. 'Ik doe alles goed. Het ligt niet aan mij.'

'Laat me er gewoon even naar kijken...'

'NEE! Je ziet toch wat ik doe? Ik stel als geluid dit muziekje in. En dat pakt hij niet. Het is gewoon een kloteapparaat. Totaal niet logisch.'

De technologie van deze telefoon is juist heel logisch, dat weet ik zeker. Ik weet ook zeker dat Bart iets niet goed doet.

Maar hoe breng ik deze vervelende boodschap aan hem over?

'Laten we het samen even stap voor stap doornemen,' opper ik.

'Het hoeft al niet meer. Ik ben het helemaal zat. Mijn ochtend is verpest. Kuttelefoon. Kutwekker.'

En dan noemen ze vrouwen dramaqueens.

'Kom op,' moedig ik hem aan. 'Laatste poging.'

'Kijk dan,' zegt hij geïrriteerd, terwijl hij me het scherm laat zie. 'Dit is mijn wekker. Ik kies dit muziekje als wekker. Ik zet de wekker over één minuut. En luister wat er gebeurt...'

Na zestig eindeloze seconden klinkt het irritante geluidje.

Bart ontploft.

'Blijf rustig. Ga nog even een stapje terug,' zeg ik. Want ik heb allang op mijn eigen telefoon gegoogeld hoe het moet. 'Terug naar dat muziekje. Staat het in je muziekbibliotheek?'

'Natuurlijk,' sneert hij. 'Anders kon ik het toch niet kiezen?'

'Laten we daar dan toch even kijken, voor de zekerheid.'

Ik klink als een irritante juf, maar wat moet ik anders?

Bart klikt zijn bibliotheek aan.

'Zie je nou wel!' roept hij triomfantelijk. 'Daar staat het nummer dat ik wil horen. Het ligt aan dat kloteapparaat.'

'Kijk nog eens goed. Wat staat ernaast? Een wolk met een pijltje. Je hebt het nummer niet gedownload. Het staat niet op je telefoon. Daarom kan je wekker het niet afspelen.'

Er valt een diepe stilte. Ik probeer mijn gezicht in de plooi te houden.

'Niks meer zeggen jij!' sist Bart. Met één klik is het euvel verholpen.

Als ik het voorval later die dag gierend van de lach aan mijn dochter en schoonzoon vertel, hebben zij vooral medelijden met Bart. Ik niet. Ik geniet van mijn kleine triomf. Hoe ouder je wordt, des te vaker je wordt omringd door mensen die jonger, slimmer en sneller zijn dan jij. En die jou, zeker als het gaat om technologie, volstrekt niet serieus nemen. Dit is wellicht een van mijn laatste overwinningen op dat vlak. Eentje om te koesteren.

Jip en Janneke nemen xtc

Op een zomerse zaterdag nemen Bart en ik onze allereerste xtc ooit. Het is kwart voor elf 's ochtends. Bart heeft de vaalblauwe diamantvormige pil met een aardappelmesje in tweeën gesplitst. Niet meteen een hele nemen. Met een halfje beginnen en afwachten hoe het bevalt, werd ons aangeraden door de vriend die de pillen voor ons regelde.

'Gaan we dit echt doen?' vraagt Bart, terwijl hij de halve pil tussen duim en wijsvinger houdt.

'Ja,' antwoord ik.

Hij steekt zijn tong uit en legt zijn halfje erop. Ik doe hetzelfde met de mijne. We slikken het snel door en trekken een vies gezicht vanwege de bittere smaak. Bart neemt een slokje water. Geen weg terug. Het is een beslissend moment. We zijn geherdefinieerd tot harddrugsgebruikers. Tot aan deze zaterdagochtend hebben we allebei nog nooit geestverruimende middelen gebruikt. Oké, ik at ooit een plakje spacecake om er een verhaal over te kunnen schrijven voor *Haarlems Dagblad* toen ik als student journaliek stage liep bij die krant. En Bart heeft weleens een joint gerookt, maar hij vond er niks aan. We houden niet van drugs. De luttele keren dat ons cocaïne werd aangeboden door deze of gene, sloegen we het beleefd af. Bart en ik houden van wijn. Van gezelligheid.

We kijken elkaar een beetje giechelig aan. Er gebeurt niks. De xtc hangt ongetwijfeld ergens in onze slokdarm.

'Kopje koffie dan maar?' vraag ik.

Bart knikt.

Ik maak een latte voor mezelf en een americano voor Bart, die we in onze tuin nuttigen.

'Voel jij al wat?' vraagt Bart na een paar minuten.

'Nee. Jij?'

'Ik ook niet.'

De koffie smaakt prima.

Dit experiment op de zaterdagochtend is geen onbezonnen, impulsieve actie. Er ging een gedegen voorbereiding aan vooraf. Sinds Bart en ik een stel zijn, is het onderwerp 'drugs' af en toe ter sprake gekomen, zoals ook onderwerpen als 'een nieuwe keuken' of 'een campertrip door de Verenigde Staten' ter sprake kwamen. Drugs vonden we eendrachtig stom, daar zouden we nooit aan beginnen. De campertrip leek Bart geweldig, maar zo'n reis kost een vermogen. Over een nieuwe keuken droomden we allebei; deze werd als eerste gerealiseerd.

Mijn mening over drugs begon te draaien door een vriend. Een goede vriend die, net als ik, het grootste deel van zijn leven anti-alcohol en anti-drugs was. Laat ik hem Mark noemen. Mark heeft geen relatie, wel vaste en minder vaste scharrels. Hij is een controlfreak en smetvrezerig. Mark houdt erg van seks. Seks met een man, met twee mannen, met drie mannen – Mark heeft zijn max nog niet bereikt. Over de avonturen van Mark zou ik een lang en hilarisch verhaal kunnen schrijven, en ooit zal ik dat doen.

Seks met smetvrees is geen ideale combinatie; het remt je af, om het zacht uit te drukken. Om die rem weg te nemen probeerde Mark xtc, en dat beviel goed, heel goed. Het smaakte naar meer. Hij deed het me uitgebreid uit de doeken. 'Ik wist niet wat ik meemaakte. Het was echt geweldig. Zó geil. Ik heb nog nooit zoiets gevoeld.'

Ik was geschokt: de immer nuchtere Mark die niets sterkers dan icetea dronk, bezong de voordelen van harddrugs. En vertelde met een brede glimlach dat hij die met enige regelmaat gebruikte.

'Waarom doe je dit? Harddrugs zijn gevaarlijk.'

'Xtc heeft mijn leven verrijkt, Heleen, echt waar. Ik kan niet anders zeggen.'

'Je kunt er beter mee mee ophouden,' maande ik hem moederlijk. 'Straks kun je niet meer zonder.'

'Volgens mij kun jij er beter mee beginnen. Wedden dat je het dan vaker gaat doen?'

Na de lofzang van Mark begon het bij mij toch te kriebelen. Xtc staat bekend als de lovedrug. Geef toe: dat klinkt gezelliger dan crack. Hoe kan een mens bezwaar hebben tegen iets waar je blij en mellow van wordt? Het enige wat me tegenhoudt, is mijn psychosegevoeligheid. Stel dat het helemaal uit de hand zou lopen en ik voor de tweede keer van mijn leven in een isoleercel zou belanden. Ze zien me aankomen. Nee, mijn hersenen chemisch laten ontsporen is geen goed idee. Bovendien taalt Bart er ook niet naar. Aan de andere kant: als ik het ooit met iemand zou willen proberen, dan wel met Bart. En thuis. In een veilige omgeving.

'Geef het een kans,' zei Mark. 'Dan kun je zelf beoordelen hoe het je bevalt. Het is echt heel tof. Je wordt zo geil als boter.'

Hij gaf me een paar pillen die we konden proberen. 'Deze lichtblauwe heet Philipp Plein. En die oranje is Donald Trump. Die Donald is wel heftig. Ik ging er erg van malen.'

'Malen?'

'Ja, dat is een bijwerking. Dat je je kiezen steeds op elkaar klemt.'

'Hm.'

'Ik doe er ook wat kamagra bij voor Bart.'

'Kamagra? Is dat een soort Viagra?'

'Ja. Straks word jij een krolse poes, dan moet hij wel een stijve hebben.'

Ik begon te lachen. 'Die gaat hij nooit nemen. Heeft hij niet nodig.'

'Ik doe ze er toch bij,' zegt Mark. 'Je zult me dankbaar zijn.'

Op die zomerse zaterdag dat Bart en ik Philipp Plein halveren en inslikken, hebben we geen afspraken. Dat Bart zich heeft laten overhalen mag een wonder heten. Ik voel me er een tikje schuldig over. Vierenvijftigjarige schrijfster brengt tweeëndertigjarige drummer op het slechte pad – geen fijne krantenkop. Maar Bart is Bart. Als hij iets doet, doet hij het goed. Daarom hij heeft onze slaapkamer deze ochtend harddrugs-proof gemaakt. Flesjes water op onze nachtkastjes gezet plus een bluetooth-speaker voor loungemuziek. De gordijnen dichtgedaan. Onze honden uitgebreid uitgelaten, zodat die niet voor de deur gaan liggen piepen. Alleen de kamagra heeft hij lachend afgeslagen. 'No way dat ik die ga slikken.'

De koffie is op. Het is tien over elf. De pil zit er al bijna een halfuur in. We brengen de lege kopjes naar de keuken.

'Voel jij al wat?' vraag ik aarzelend. 'Ik heb het idee dat ik iets voel.'

'Ik ook,' antwoordt Bart.

'Mijn zicht lijkt waziger,' zeg ik.

'Ja,' zegt Bart. 'Er is iets anders.'

'Zullen we naar boven gaan?'

We vertrekken naar onze slaapkamer.

Daar kleden we ons helemaal uit – achteraf weet ik niet waarom, maar we deden het – en gaan hand in hand naast elkaar op bed liggen. Aan de muur tegenover ons bed hangen tientallen borden en schoteltjes die ik de afgelopen jaren heb gespaard bij elkaar in een organische vorm.

'Holy fuck,' zegt Bart ineens. 'Zie jij dat ook? Kijk eens naar de muur. Naar de bordjes. Ze bewegen.'

Ik kijk naar de muur. 'Holy fuck,' echo ik. 'Ze draaien. Ze draaien als een malle.'

'Het begint te werken,' zegt Bart.

'Holy fuck,' zeg ik weer. De bordjes tollen voor mijn ogen, ze lijken van de muur af te springen.

'Jezus, man,' zegt Bart 'Dit is fokking raar. Ze wisselen van plaats.'

Ik knijp in zijn hand. Mijn ogen worden groot.

'Wat is er?' vraagt hij. 'Vertel me wat je voelt en wat je ziet. We moeten blijven praten.'

'Het voelt raar in mijn hoofd,' zeg ik. 'Heel raar. Ik kan het niet uitleggen.'

'Vind je het eng?'

'Een beetje wel,' antwoord ik eerlijk.

Dat we op dat moment al als twee kleuters tegen elkaar praten, hebben we nog niet door.

Ik ga naast het bed staan.

En dan gebeurt er iets krankzinnigs. Iets dat ik nog nooit eerder heb gevoeld en waarschijnlijk ook nooit meer zal voelen, want, zo heeft Mark uitgelegd, wat de allereerste pil bij je teweegbrengt komt nooit meer terug. Dat is een eenmalige ervaring.

Goed, ik sta naast het bed en voel me totaal gewichtsloos. Ik heb letterlijk geen gewicht. Het is alsof mijn voeten de grond niet echt raken. Ik stap om het bed heen en roep tegen Bart dat hij hetzelfde moet doen.

'Ik weeg niks! Helemaal niks!' Het is geweldig. Als ik nu op een weegschaal zou stappen, zou hij nul kilo aangeven, ik weet het zeker. Ik til mijn borsten op. Ook die wegen niks, ondanks alle kunstmatige toevoegingen. De zwaartekracht is weg.

Bart stapt uit bed. Hij voelt hetzelfde.

'Dit is raar!' zegt hij.

'Ja, hè?'

Ik weet niet waarom we precies dezelfde dingen ervaren – misschien omdat we alles tegen elkaar uitspreken en de ander daarmee als het ware aansteken, ik moet dit nog eens navragen bij een expert.

Na een paar rondjes gaan we weer op bed liggen.

'Hoe gaat het met je?'

'Ik weet het niet,' antwoord ik. 'Het is raar. En het houdt niet op.' Een mallemolen van moeilijk te benoemen sensaties draait dol in mijn hoofd.

'Het is heftig,' beaamt Bart. 'Alsof er honderd treinen tegelijk door je hersens razen.'

Ik ben even stil. Doe mijn ogen dicht en probeer te ontspannen. Maar de kakofonische kortsluiting blijft. Dat wat even lollig leek, is ineens een stuk minder.

'Bart,' zeg ik kleintjes, 'weet je wat ik niet snap? Ik snap niet dat mensen dit vrijwillig slikken. Dit is toch helemaal niet leuk? Vind jij dit leuk?'

'Nee.'

'Maar waarom nemen al die mensen het dan? Waarom noemen ze het de lovedrug? Ik vind het vreselijk.'

'Ik ook.'

'Hoelang werkt zo'n pil?' vraag ik.

'Zeker vier uur,' antwoordt Bart.

'Vier uur?' echo ik. 'Dat is heel lang.'

'Ja,' zegt Bart. 'Dat is heel lang.'

Jip en Janneke zijn samen door de heg gekropen en in een konijnenhol gevallen. Ze hebben dertien rondjes door een ondergrondse tunnel gerend en nu kunnen ze de uitgang niet meer vinden.

'Bart?'

'Wat is er?'

'Is er ook een tegengif?'

Op dat moment, zou Bart me later vertellen, wist hij dat het menens was. Dat ik angstig werd en dat hij zijn bipolaire vriendin moest redden voordat ze echt in paniek zou raken. Hij denkt koortsachtig na voor hij zijn antwoord formuleert.

'Ja,' zegt hij langzaam. 'Er is een tegengif.'

'Wat dan?'

'Koud douchen.'

'Helpt dat?'

'Ja, dat helpt. Koud douchen. Dat heb ik gezien in *Bad Boys 2*.'

Het stelt me niet helemaal gerust. Maar dat komt misschien door de woorden 'bad' en 'boys'. Ik had liever gehad dat Bart het van een arts had gehoord. Of desnoods van Mark. Maar goed.

'Dus als je het echt heel vervelend vindt, gaan we nu onder de koude douche.'

Ik knik.

'Wil je dat?'

Ik zwijg. Ben te versteend om op te staan.

'De bordjes draaien al minder, zie je dat?' zegt Bart.

Hij heeft gelijk.

Bart draait zich op zijn zij.

Ik doe hetzelfde, zodat onze gezichten vlak bij elkaar liggen.

Bart trekt me naar zich toe en zoent me. Zijn lippen zijn zacht. Ineens begint hij me te tongen, steeds gulziger.

Hij slurpt mijn mond op met de zijne. Het voelt extreem zacht en nat en bizar lekker. Het is alsof we twee tongen zijn. Twee grote, warme, vlezige tongen die elkaar vinden en herkennen, die samensmelten in een eindeloze tongendans.

Bart stopt even, knippert een paar keer met zijn ogen en zegt op plechtige toon: 'Nu zijn we waar we moeten zijn.'

Ik beaam het. Nu zijn we waar we moeten zijn. Het is begonnen. De pil werkt zoals hij moet werken. We zoenen elkaar weer en Bart herhaalt het, keer op keer, als een mantra: nu zijn we waar we moeten zijn.

'Ben je nog bang?' vraagt Bart.

'Nee.'

'Je bent zo zacht,' zegt Bart.

'Jij ook,' zeg ik. 'Superzacht.'

Hij streelt mijn armen en ik de zijne. We drijven op een wollige wolk met vage randen. We bevinden ons in een vacuüm zonder tijd of ruimte. We zoeken niet meer naar de uitgang.

Bart neemt mijn borsten in zijn mond en zoent ze. Elke sensatie die normaal lekker is, is nu lekker keer honderd. Vanuit de speaker klinkt loungemuziek. Het is de perfecte omlijsting.

'Je bent zo lekker. Ik word weer helemaal verliefd op je,' fluistert Bart.

'Ik ook op jou.'

We zoenen.

'We moeten vaker zoenen,' zeg ik gesmoord. 'Ik hou van zoenen.'

'Ik ook,' zegt Bart.

Xtc blijkt tevens als waarheidsserum te werken, want we fluisteren elkaar dingen toe die we in het dagelijks leven minder makkelijk tegen elkaar zeggen, maar die ineens heel licht verteerbaar zijn omdat ze worden bedekt met een chemische mantel van liefde.

Als we uitgefluisterd zijn, gaan we weer verder met zoenen en strelen en elkaar vertellen hoe zacht we zijn en hoe lief we elkaar vinden. Wat mij betreft mag dit nog uren zo doorgaan, maar na tien, twintig of dertig minuten schiet Bart ineens overeind.

'Ik ben eruit.'

'Wat?'

'Het is weg. Ik ben eruit.'

'Weet je het zeker?'

'Ja hoor.' Hij voelt aan mijn borsten alsof hij een avocado op rijpheid test in de supermarkt. 'Ze zijn weer normaal.'

'Echt? Niet meer superzacht?'

'Nee, totaal niet.'

Ondanks mijn uiterst ontspannen staat voel ik een venijnig steekje. Ik vraag maar niet of hij nog verliefd op me is, want het waarheidsserum kan nu ook tegen me werken.

'We hebben nog een probleem,' zegt Bart, terwijl hij omlaagwijst, naar zijn geslacht. 'Zo klein en slap is hij nog nooit geweest. Waar is die kamagra?'

Ik wijs hem de doordrukverpakking met vier pillen. Zonder aarzelen drukt hij een pil uit de strip en popt hem naar binnen.

'En hebben we nog meer xtc?'

'Jazeker.' Mark heeft ons ruim bevoorrraad.

Bart pakt de tweede vaalblauwe pil, snijdt deze doormidden en slikt hem in.

'Jij ook nog een halfje?'

'Nee, ik ben nog goed.'

De transformatie van een stel dat niet van harddrugs houdt naar twee geroutineerde gebruikers verloopt sneller dan ik dacht.

Ik sta op, loop naar de spiegel en staar mezelf aan.

'Zijn mijn pupillen vergroot? Ik denk het wel.'

Bart beaamt het. Die van hem zijn het ook.

Hij trekt me weer in zijn armen en neemt me mee terug in bed.

'Waar waren we gebleven?'

We hervatten het zoenen.

'Volgens mij ben ik er weer,' mompelt Bart.

'Ben je er weer?'

'Ja, ik ben er weer.'

We converseren opnieuw als kleuters, zonder het te beseffen.

'Het komt in golven,' constateert Bart.

Ook dit blijken woorden die we gedurende de uren die volgen nog vaak herhalen: het komt in golven. Soms neemt de roes even af, dan zwelt hij weer aan. Als hij te veel afneemt, slikken we nog wat bij.

'We moeten bijhouden wanneer we wat innemen,' probeer ik. Maar dat lukt niet. Donald Trump, de oranje pil die ik dacht links te laten liggen, is ook al aangevreten.

We ervaren de kaakklem. Dat doet me denken aan mijn eerste psychose, want het was een van de bijwerkingen van de pimozide, het antipsychoticum dat ik kreeg. Ik dacht: God straft me. Ik mag niet meer spreken. Dat was een waan. De dienstdoende psychiater van de afdeling waar ik verbleef, schudde wat aan mijn kaak en schreef me nog een pil voor, tegen de bijwerking van de pimozide. De kaakklem werd minder. Heel, heel soms komt hij nog terug, in periodes van grote stress. Dan voel ik hem als het ware in de verte. En nu dus als gevolg van vrijwillig xtc-gebruik. Het kan verkeren.

Bart en ik brengen de rest van de dag in bed door. Het is een krankzinnige, maar vooral fantastische ervaring. We vreten elkaar op. We zijn allebei onvermoeibaar en onvoorstelbaar lenig. We drinken keurig elk uur een glas water. We dobberen eindeloos op een zee van lust en liefde. We blijven herhalen hoe leuk en lief we elkaar vinden. We maken foto's en filmpjes met een hoog pornografisch gehalte, die we achteraf met enige verbazing (Bart) en gêne (Heleen) terugkijken.

Iets concreter: we neuken ons helemaal suf. Geen gat, geen gaatje blijft onbenut. Het begrip *deep throat* wordt me eindelijk duidelijk en het anale verhaal wint aan kracht. Nooit eerder gleed alles zo soepel tot in de diepste dieptes. Daadwerkelijke hoogtepunten komen er niet aan te pas – ook dat moet gezegd worden. We horen later van Mark dat dit normaal is. Al met al is het een grote, langgerekte, orgastische ervaring. Een tiengangendiner. Een regen van Michelin-sterren. Elke gang is lekker. En elke gang lijkt eindeloos te duren.

Nog een vermeldenswaardig intermezzo: op een zeker moment kijk ik naar buiten en ik zie onze buurman in zijn tuin staan. Dat vind ik een goede testcase. Zou ik nu verliefd op hem worden? Ze zeggen dat de lovedrug dat doet. Ik staar naar hem. Hij ziet me niet. Er gebeurt niks. Het is gewoon de buurman en het blijft gewoon de buurman. Ik kijk weer naar Bart. Bart is zacht en lief. Ik ben op Bart. De wereld klopt.

Tegen het einde van de middag facetimen we met Mark. We willen – nee, we moeten hem vertellen hoe geweldig we het allemaal vinden.

'Dat zei ik je toch?' schatert hij.

'We zijn bekeerd,' geven we toe, met nog steeds pupillen als schoteltjes en klemmende kaken.

'Nu moet je het niet te vaak gaan doen,' waarschuwt Mark. 'Eens in het kwartaal zou perfect zijn. Dan is het elke keer weer een prettige ervaring. Als je het te vaak doet, is het niet leuk meer.'

We knikken braaf en likken de volgende dag toch de laatste kruimels van Donald Trump van het nachtkastje, maar die brengen ons inderdaad geen plezier. We zijn te moe. Het wachten is op de beruchte dinsdagdip. Gelukkig blijft die uit. Wel duurt het een paar dagen voor onze hersenen weer helemaal normaal aanvoelen. Bart heeft daar langer last van dan ik.

Al met al is het een ervaring die ik van de daken wil schreeuwen. Mijn manager, aan wie ik alles opbiecht, raadt dit me sterk af. 'Heel leuk, Heleen, maar je gaat hier geen column over schrijven,' zegt ze. 'Niet goed voor je naam. Hou het voor je.'

Ze heeft een punt. Aan pillen hangt namelijk nog een ander verhaal. Een weinig feestelijk verhaal over verslaving, drugskartels, criminaliteit, illegaliteit, bloed en veel doden. Dat is jammer, vooral omdat ik daar niets aan kan veranderen. Ik kan voor deze gelegenheid heel hard roepen dat ik altijd al voor legalisering ben geweest, maar dat is flauw. Ik weet alleen dat ik blij ben dat deze pillen op mijn pad zijn gekomen en dat deze ervaring voor herhaling vatbaar is. Over een paar maanden, hè, zo keurig ben ik wel. En nul verslavingsgevoelig, dat scheelt ook.

Ondanks mijn angst zijn mijn hersenen niet ontspoord. Integendeel, ik heb er ontzettend van genoten. Bart en ik hebben samen iets unieks beleefd. Door er alleen aan terug te denken krijgt onze huis-, tuin- en keukenseks extra glans. Mark heeft gelijk gekregen: het heeft mijn leven verrijkt, en dat is het laatste wat ik had verwacht.

Eind augustus wandelde ik met een vriendin over de hei. Ze is vijftigplus, net als ik. Heeft al tientallen jaren dezelfde partner. Sinds de overgang vindt ze seks aanzienlijk minder lekker. Minder boeiend ook. Klaarkomen kost meer moeite. Ze doet het wel, want ze wil het erin houden. Toch gaat het niet van harte. Moeilijk voor haar, ook moeilijk voor haar man, die beduidend vaker zin heeft dan zij.

'Weet je wat jij zou moeten doen?' hoor ik mezelf zeggen. 'Xtc proberen. Dat werkt als een malle. Het is geweldig. Je wordt er botergeil van, je weet niet wat je meemaakt. Geef het een kans. Werkt duizend keer beter dan een kaarsje aansteken en een nieuw lingeriesetje. Wedden dat je me dankbaar bent?'

Waarna ik ons avontuur in geuren en kleuren uit de doeken doe, want sommige verhalen zijn te mooi om niet te delen. 'Als je het wilt proberen, regel ik een pil voor je,' beloof ik ten slotte ruimhartig. Verbazingwekkend hoe snel je van gelegenheidsgebruiker propagandamachine en drugsdealer wordt.

Vrouw met ballen

Elk jaar op 24 juli vier ik de verjaardag van mijn nieuwe borsten. Ik heb ze gekocht toen ik vijftig werd. Nu of nooit, dacht ik. Wat God niet geeft, moet je zelf pakken. Voordat ik onder het mes ging heb ik jarenlang getwijfeld. Immers: waarom zou je snijden in een gezond lichaam? Waarom siliconen in je lijf stoppen? Waarom het risico lopen op ongewenste complicaties? Waarom kun je niet tevreden zijn met wat je hebt: een kleine, ietwat verlepte B-cup?

De uiteindelijke beslissing tot de aankoop viel in een paskamer in een G-Star-outletstore, met uiteraard superslecht licht, waar ik een spijkerbroek stond te passen. Ik had geen beha aan, zag de restanten van mijn ooit zo volle borsten en dacht: fuck it, ik ben er klaar mee. Ik word vijftig, ik wil helemaal geen nieuwe spijkerbroek, ik wil nieuwe tieten.

Mijn grootste angst was dat ik ze niet mooi zou vinden. Dat ik spijt zou krijgen en mijn kleine borsten terug zou willen, maar dat zou dan natuurlijk niet meer kunnen, want dan was mijn vel al helemaal opgerekt.

'Komt het vaak voor dat vrouwen ze er weer uit laten halen?' vraag ik aan de chirurg tijdens mijn eerste consult. Hij kijkt me verbaasd aan en schudt zijn hoofd.

'Ik kan me geen geval herinneren. Of wacht – ja, eentje. Die vrouw kreeg een nieuwe vriend die nogal alternatief was en fel gekant tegen siliconen. Zij werd daar angstig van en wilde opnieuw geopereerd worden om ze te verwijderen.' Hij pauzeert even en slaakt een weemoedige zucht. 'Ik vond het jammer, want ze waren erg mooi geworden.'

'Dus de meeste vrouwen zijn er blij mee?'

'Jazeker.'

'En ze hebben geen spijt?'

'Als ze spijt hebben, is het omdat ze achteraf toch een grotere cup hadden gewild. De meeste vrouwen die hier op consult komen zijn bescheiden. Ze zeggen: doe mij maar één cupje meer. Ze willen dat het niet te veel opvalt en zijn bang dat ze enorme ballonnen krijgen. Maar als ze dat cupje meer eenmaal hebben, went die nieuwe grootte heel snel. En als ze iets straks aanhebben, is het net zoals het was voor de operatie, toen ze elke dag push-upbeha's droegen. Dus zien ze weinig verschil. En dan realiseren ze zich dat ze eigenlijk toch graag grotere borsten hadden willen hebben.'

Ik knoop dit verhaal goed in mijn oren. Bij het tweede consult neem ik Bart mee. Bart is een billenman. Soms kan ik me niet aan de indruk onttrekken dat mannen zeggen dat ze billenmannen zijn, omdat hun vrouw kleine borsten heeft en omgekeerd. Ik weet niet wat mannen zeggen als ze een volledig platte vrouw hebben. Waarschijnlijk: ik ben een vrouwenman.

De chirurg legt een aantal voorbeeldborstprotheses op zijn bureau. Bart mag eraan voelen. Hij vindt het een wonderlijke gewaarwording. Ik krijg een pasbeha om de protheses erin te stoppen, zodat Bart het resultaat kan zien. Dat heb ik bij het eerste consult ook al gedaan. En inderdaad, met een T-shirt eroverheen lijkt het net alsof ik mijn eigen voorgevormde push-upbeha aanheb. Je ziet weinig verschil. Ik probeer een grotere prothese. En nog een grotere. Mijn voorgevel wordt bij elke pasbeurt een stukje indrukwekkender.

'Zo, nu heb ik echt flinke borsten. Vind je ze niet te groot?' Ik kijk aarzelend naar Bart.

'Hoe kun je mij dat nou vragen?' antwoordt hij lachend. 'Ik ben een man!' Hij zegt nog net niet: borstenman.

'Laat me je nog even opmeten,' zegt de chirurg. Ik trek het T-shirt en de pasbeha weer uit, hij pakt een centimeterlint en meet de breedte en hoogte van mijn borsten en de afstand tussen mijn tepels.

'Er is ruimte genoeg,' stelt hij vast. 'Je hebt brede borsten. Je kunt een hoop kwijt, je hoeft je niet in te houden. Je rechterborst is iets kleiner dan de linker, dat kan ik corrigeren door er vijfentwintig cc meer in te doen. Ik plaats ze *dual plane*, dat betekent deels achter de borstspier, zodat je aan de bovenkant geen lelijke randen ziet en de protheses een beschermend laagje krijgen, waardoor je minder kans hebt op kapselvorming. Ik zet de sneetjes iets lager, zodat de protheses lager vallen en je tepels optisch hoger lijken te zitten.'

Bart en ik luisteren ademloos. Dit is geen chirurg, dit is een tovenaar.

'Maar welke grootte moet ik kiezen? Ik vind het heel moeilijk.'

'Als je de prothese kiest die ik optimaal vind, oftewel de grootste die je net hebt gepast, kom je uit op C of D.'

OMG, een D-cup. Die had ik toen ik zwanger was. Toen waren mijn borsten enorm. Het idee dat ik deze borsten zou kunnen terugkrijgen doet me duizelen.

'Je hoeft nu nog niets te beslissen,' zegt de chirurg. 'Denk er maar rustig over na. En wil je me wat foto's sturen van toen je nog jong was? Dat is voor mij erg handig. Dan kan ik zien hoe je borsten er vroeger uitzagen, voordat je kinderen kreeg.'

Weer thuis duik ik in mijn fotoalbums. Gelukkig was topless zonnen in de jaren tachtig heel gewoon. Ik vind een aantal vakantiekiekjes waar mijn jonge, volle borsten glorieus op staan. Dat waren nog eens tijden. Ik denk aan het verhaal van een vriendin, die naar Hunkemöller ging voor een nieuwe beha toen haar tweede en laatste kind van de borstvoeding af was. In de paskamer staarden twee treurige theezakjes haar aan. Ze was letterlijk leeggezogen en barstte ter plekke in huilen uit. 'Het voelt als een verlies,' vertelde ze. 'Ik ben achtendertig. Ik zal me nooit laten opereren, dat is niks voor mij en ook niet voor mijn man. Dus hiermee moet ik het de rest van mijn leven doen.' Ik begreep precies wat ze bedoelde. Mijn borsten werden in de loop der jaren steeds leger, zeker toen ik meer ging sporten en slanker werd. Droeg ik een push-upbeha, dan leek het nog wat, maar zodra ik die uittrok, kwamen twee toch wat slappe flapjes tevoorschijn. Dat ik er bloot mee in *Playboy* heb durven staan vind ik nog steeds heldhaftig.

Tijdens het kennismakingsgesprek met hoofdredacteur Jan Heemskerk trok ik mijn truitje omhoog en zei: 'Dit is alles wat ik heb. Weet je zeker dat je mij wilt?' Hij zei dat het niet uitmaakte. Omdat ik een BN'er en geen Playmate ben, was mijn cupmaat minder interessant. Jan leerde me een truc die fotomodellen toepassen om ze iets groter en pronter te laten lijken: je plaatst je handen plat boven je borsten en trekt ze intussen stiekem omhoog. Schijnt wonderen te doen voor het beeld. Gegarandeerd een tepellift van een centimeter of vijf. Of je houdt je handen eronder en duwt ze omhoog om een indrukwekkend decolleté te creëren, maar dat trucje kennen we allemaal.

Na lang wikken en wegen besluit ik het advies van de chirurg op te volgen. Als ik het toch doe, dan maar meteen goed. Ik herinner me Noah, mijn ex-gigolo, met zijn bejaarde klant Mrs. Potato Head en haar mooie borsten. Die anekdote is me altijd bijgebleven. Dankzij dat pluspunt kon hij het op haar doen. Blijkbaar geven goede tieten je een streepje voor op de rest van de grijze meute. Geen gek idee om daar nu vast in te investeren. Rechts zal een Mentor Rond Cohesive 2 HP 375 cc worden geplaatst en links 350 cc. Ronde protheses passen volgens de chirurg beter bij mij dan anatomische ofwel druppelvormige. 'Het volumeverlies zit bij jou juist aan de bovenkant. Als je anatomische protheses neemt, blijft de bovenkant plat. Dat wil je niet.'

Om een idee te krijgen van wat erin zou gaan, vul ik thuis de maatbeker met 375 milliliter water – indrukwekkend. De operatiedatum en -tijd zijn vastgesteld: 24 juli om acht uur 's ochtends. Ik bezoek een fysiotherapeut, die me oefeningen geeft om de borstspieren vast op te rekken. Zowel voor als na de ingreep moet ik ermee aan de slag. Dit zal helpen om sneller te herstellen, belooft ze.

Vanaf dat moment leef ik naar De Datum toe. Op internet zit ik eindeloos te staren naar voor- en nafoto's van borstvergrotingen. Ik beland op het Borstenforum en maak een profiel aan. Op het forum ontmoet ik lotgenoten die, net als ik, aan het aftellen zijn of hun operatie al achter de rug hebben. Er gaat een wereld voor me open.

'Ik lig op mijn bedje te wachten tot ik boobies krijg, ben echt zo nerveus.'

'Komt allemaal goed, straks word je wakker met prachtige boobies, succes!'

Ze plaatsen foto's zonder hoofd, doen uitgebreid uit de doeken wat ze voor en na de operatie hebben meegemaakt. Positieve of juist negatieve ervaringen bij klinieken en artsen worden gedeeld. Je kunt een *topic* openen en daarover praten met de andere vrouwen. Een lukrake greep uit de onderwerpen: slaaptechnieken, passen met rijst (ja, ik was veel te simpel met mijn maatbeker, je kunt ook rijst koken en afgieten en die in een zakje doen om je toekomstige implantaten na te bootsen), lekkende implantaten, veel ruimte tussen de borsten, van triest naar jippie, wel of geen beha dragen 's nachts, waarmee littekens in te smeren en hoe mijn plastisch chirurg bedanken.

Vooral de foto's fascineren me. Vlak na de operatie zien de meeste borsten er opgeblazen uit, maar de nieuwe eigenaar is er doorgaans dolblij mee en de andere leden van het forum delen naar hartenlust complimentjes uit. Ze hebben schermnamen als Boobs85, BoobieBoob, HoneyBoobs, PrettyBoobs, Mammavan3, Vlinder08 en TweeTheezakjes, en spreken elkaar bij voorkeur aan met 'meid' of 'meis'. Hun borsten heten steevast 'boobies'. Sommigen hebben zo'n teller van de Ticker Factory bij hun profiel, zoals zwangere vrouwen ook wel hebben als ze online over hun zwangerschap praten. Bij hen staat dan: *four months, two weeks, three days pregnant*. Bij de borstendames heet het: *one year, two months and fifteen days since new boobs*.

De vrouwen die op elkaars borsten reageren, zijn doorgaans zeer solidair. Slechts zelden is het commentaar negatief.

'Ze zien er prachtig uit, meid. Ze moeten natuurlijk nog een beetje indalen, maar ik kan al zien dat het mooi wordt.'

'Heel natuurlijk, meis, en vooral met jouw figuurtje erbij – geweldig hoor.'

'Mooie boobs!'

'Gefeliciteerd met je tweeling! Prachtig.'

'Netjes, meid, maar je tepels wijzen nog steeds omlaag. Wilde je niet gelijk een lift?'

Ik zeg weinig op het forum, maar lees me grondig in. Sommige vrouwen zijn echt pechvogels, bij hen gaat alles mis. Een forumlid belandt op de EHBO omdat een van haar littekens zwaar ontstoken is. De dienstdoende arts zegt dat hij de prothese door de wond heen kan zien. Ze denkt dat hij een grapje maakt, maar dat is niet zo. Het implantaat moet eruit, en snel ook. Ze kan wel janken en de andere forumbezoekers huilen met haar mee.

'Wat een narigheid, meis! Hoop dat het gauw beter met je gaat. Veel sterkte!'

'Het komt echt goed. Straks heb je twee mooie boobies en dan ben je dit alles vergeten! Hou je taai.'

Sommige vrouwen zijn geobsedeerd door groot, groter, grootst. Het gros van de plastisch chirurgen weigert hen te opereren; daarom gebruiken deze dames het forum om namen uit te wisselen van artsen die hen wel van enorme implantaten willen voorzien. Stel je een vrouwtje voor van 1,65 meter, vierenvijftig kilo, dat links en rechts voor 950 cc gaat. Ze memoreert opgewekt dat ze vlak voor de operatie twee slakommen zag klaarstaan; daar zaten haar protheses in. Er zijn vrouwen die dromen van 1500 cc of meer, tot aan 2000 cc aan toe.

Op een of andere manier dwingt het respect bij me af. Dat je het wilt en dat je het aandurft, daar is moed voor nodig. Hoe groter je gaat, des te meer kans op complicaties. Je krijgt dan zo'n enorme bos hout voor de deur; dat vereist een hoop zorg en aandacht. Je moet de rest van je leven om je borsten heen bouwen, stel ik me zo voor.

In de vroege ochtend van 24 juli meld ik me geheel nuchter samen met Bart bij de kliniek. Ik heb om kwart voor zeven 's ochtends nog wat selfies gemaakt van mijn blote bijna exborsten. De narcotiseur arriveert tegelijk met ons, op een racefiets. Na even in de wachtkamer te hebben gezeten word ik gehaald om naar de zaal te gaan. Bart mag niet mee. Hij geeft me een kus: 'Tot straks. Bel maar als ik je kan halen.'

Even later zit ik in een operatiehemd op mijn bed in de zaal te wachten. Mijn plastisch chirurg komt binnen en begroet me. Ik ben blij hem te zien. Zo te ruiken heeft hij al een paar koppen koffie op. Hij heeft een zwarte viltstift in zijn hand. Mijn hemd mag naar beneden. Hij tekent stippellijnen op mijn borsten. Op de linkerborst schrijft hij: +25.

Ik frons. 'Eh... volgens mij is mijn rechterborst de kleinste...'

'O ja, natuurlijk. Het is nog vroeg.' Hij streept de aantekening door en zet +25 op de andere borst.

Ik ben blij dat ik zo scherp ben, maar als ik even later op de operatietafel lig, wordt me nog een paar keer gevraagd waarvoor ik word geopereerd en of het klopt dat ik twee verschillende implantaten krijg. Check, dubbelcheck. De narcotiseur merkt op dat mijn bloeddruk aan de hoge kant is; hij wijt het aan de spanning. Ik mag aftellen en ga onder zeil.

Als ik bijkom, lig ik weer op zaal onder een laken met alleen mijn onderbroek aan. Ik ga rechtop zitten. Op mijn bovenlichaam kleven plakkers met draden die naar een monitor lopen. Op mijn hoofd voel ik een operatiemutsje. Ik kijk omlaag en werp een eerste blik op mijn nieuwe borsten. Mijn god, wat zijn ze groot. Tranen schieten in mijn ogen. Dit is geen droom. Ik heb het echt gedaan en heb het overleefd. Ze zijn enorm en gezwollen, maar ik vind ze meteen prachtig, zoals iedere moeder haar verkreukelde pasgeborene prachtig vindt. Ik had nooit verwacht dat het me zoveel zou doen, dat ik zo blij zou zijn. Ik maak een selfie en stuur die naar Bart en nog een paar mensen, die me achteraf vertellen dat ze zich helemaal kapotschrokken toen ze de foto openden. Zij zagen op dat moment een andere werkelijkheid dan ik – laten we het daarop houden.

Ik bel Bart, helemaal high, en vertel hem dat ze zo mooi zijn en dat hij me mag komen halen.

Bart zit thuis lekker rustig op de wc en is stomverbaasd dat ik bel.

'Schat, ik zie net je foto! Ben je nu al klaar?'

'Ja! Het is gebeurd. Kom me maar halen.'

'Ho, ho,' zegt een verpleegkundige die me hoort praten. 'Je moet zeker nog een uurtje blijven. Zeg dat maar tegen je vriend.'

Een uur later bel ik weer.

'Schat, het is gebeurd. Ze zijn zo mooi! Heb je ze al gezien? Je mag me komen halen.'

'Weet je het zeker?'

'Wat bedoel je?'

'Nou, je zei net ook al dat ik je moest halen.'

'Net?'

'Ja, toen je me belde.'

'Heb ik je gebeld?'

'Ja,' zegt hij met een lichte zucht. 'Maar je was hartstikke stoned. Je mocht nog niet weg. Vraag even of het nu wel mag.'

Het mag. Mijn borsten zijn inmiddels in een sportbeha gehesen. Daaroverheen zit nog een strakke elastische band om de implantaten te fixeren.

Bart haalt me op en brengt me thuis. Hij moet naar zijn werk, ik ga in bed liggen. Mijn borsten voelen gezwollen en pijnlijk aan. Allemaal logisch. Ik zou er nu niet aan moeten denken dat iemand ze aanraakt of dat ik ergens tegenaan zou stoten. *Handle with care.*

Die middag wordt een van onze herdershonden ziek. Ze kan er niets aan doen; ze is duidelijk niet lekker, heeft diarree en laat het lopen in onze slaapkamer, vlak voor ons bed. Het stinkt ongelooflijk, er hangt een heel nare rotte lucht, het is geen normale diarree, ik kan het moeilijk negeren. Ik bel de dierenarts, die vraagt of ik een monstertje naar de praktijk kan brengen, dan kan hij de juiste medicijnen voorschrijven. De hond zelf hoef ik gelukkig niet mee te nemen.

Kokhalzend schraap ik de diarree van de vloer en doe wat in een potje. Autorijden mag nog niet, dus ik loop naar de dierenartspraktijk. Onderweg heb ik het gevoel dat mijn borsten buitenaardse proporties hebben. Alsof ze voor me uit lopen: eerst mijn borsten, dan een tijdje niets en dan kom ik. Zou iedereen zien dat ik net een borstvergroting heb gehad? Vast wel.

Achter de balie van de praktijk staan twee jonge vrouwen. De een heeft kleine, onopvallende borsten, de andere grote – net als ik! Ineens dringt tot me door dat ik lid ben geworden van het bijzondere genootschap van vrouwen met grote borsten. Ik wil mijn medelid achter de balie bijna even aanstoten, als dat niet zeer zou doen, en haar een knipoog geven. Ik heb zelfs een beetje medelijden met het andere meisje, omdat zij niet bij ons genootschap hoort.

Weer thuis geef ik onze hond haar pillen en kruip terug in bed.

De eerste dagen na de operatie verlopen volgens het boekje. Ik doe de oefeningen van de fysiotherapeut, draag dag en nacht een sportbeha met daaroverheen de elastische band. Mijn borsten zijn keihard en gevoelig. Het doet me denken aan de tijd dat ik borstvoeding gaf en stuwing had, alleen komt er nu geen melk uit. Destijds ook bar weinig trouwens, maar dat is een ander verhaal.

Ik ontwikkel een bijzondere methode om in bed te stappen, want dat is een pijnlijk momentje. Het is een soort halve koprol, die voorkomt dat de zijkanten van mijn borsten het matras raken. Bart kijkt het geamuseerd aan en imiteert mijn acrobatische toeren: hij maakt tientallen koprollen op het bed voordat hij gaat liggen.

'Maak me nou niet aan het lachen. Dat doet zeer, dan trekken mijn hechtingen.'

Na vijf dagen mag ik weer autorijden. Na twee weken mogen de hechtingen eruit. Ik maak geregeld foto's zonder hoofd en plaats die op het Borstenforum. Nu is het mijn beurt om de complimentjes in ontvangst te nemen. Veel respons krijg ik niet – waarschijnlijk omdat ik zelf te weinig heb gezegd de afgelopen tijd. Je moet vriendinnen maken op het forum en dat is me niet echt gelukt.

'10 dagen PO – Hou nog veel vocht vast,' schrijf ik bij een foto.

PO betekent 'postoperatief' – ja, wij vrouwen op het forum spreken ons eigen jargon.

Boobgirll: 'Al heel mooi! Ja, al dat vocht, hatelijk hè? Voelde me er dik door.'

BrownieX: 'Mooi al.'

Dat is alles. Ik had op meer gehoopt. Als ik een foto plaats met een nieuwe beha met een kanten rand, krijg ik veel positieve comments. Nou ja, veel – een stuk of vier.

'Vier weken PO – Eindelijk! Een nieuwe beha. Geen push-up en toch volume.'

Lipgloss86: 'O wat een prachtige bh! Staat je geweldig.'
Boobgirll: 'Mooie beha, zeg. Ook mooie borsten.'

Zeemeermin: 'Werkelijk prachtig hoor.'

DoubleD: 'Heel mooie beha! Heb erover gedroomd, haha. Issie duur?'

Met Zeemeermin heb ik daarna een heus gesprekje. Ik kan aan haar Ticker zien dat ze haar ingreep nog niet heeft gehad. 'Succes met je operatie straks, je bent vast aan het aftellen,' schrijf ik onder haar comment.

'Ja, ik ben zeker aan het aftellen hihi! Nog drie nachten en dan heb ik, hopelijk, ga ik wel van uit, twee vriendinnen erbij hihi :-)'

'Vast en zeker! Het klinkt gek, maar ergens vind ik het jammer dat de grote dag zo snel voorbijging. Het was gebeurd voordat ik het wist. Weet vooral nog hoe superblij ik na afloop was. Ik was echt door het dolle! Nu, meer dan vier weken later, nog steeds. Mijn vriend ook, lol. Twee prachtige borsten rijker. En ik mag ze houden, hiephoi!'

Tijdens onze chat schiet er gek genoeg een steek van jaloezie door me heen. Zeemeermin heeft het nog voor de boeg: zij gaat de feestdag nog meemaken, ze boft. Het moment dat ik ontwaakte met nieuwe borsten en de euforie die daarop volgde staan in mijn geheugen gegrift. Er ging een diep gekoesterde wens in vervulling, een wens die groter was dan ik dacht.

De operatie is inmiddels al jaren geleden. Ik heb er geen seconde spijt van gehad. Beste aankoop ooit. En helemaal zelf betaald: 4150 euro, om precies te zijn. De ingreep en het ongemak vielen reuze mee, ik had geluk. Mijn borsten zijn misschien nep, maar ze voelen 'eigen' en allang niet meer enorm. Het overtollige vocht is eruit en ze zijn veel zachter geworden; dat duurde zeker een halfjaar. Ze staan minder recht vooruit, er is een natuurlijke 'hang' in gekomen, zoals mijn chirurg het noemt. Van de gevreesde kapselvorming heb ik gelukkig geen last. Klop het af.

Is mijn seksleven veranderd? Ja en nee. Dat ik het de voorgaande jaren met kleine borsten moest doen heeft me nooit gehinderd. Ik trok ongegeneerd mijn beha uit, sekste niet in het donker, was niet onzeker en voelde me honderd procent vrouw. Toch had ik graag meer gehad dan het restant van mijn ooit zo volle boezem. Geregeld speelde ik met de gedachte om er iets aan te doen, maar twijfels en angsten hielden me tegen.

Bart en ik hadden twee jaar een relatie toen ik het wel aandurfde. Het initiatief kwam van mij. Het was fijn dat hij me steunde en lol had in het project. Hij vond het niet per se nodig – 'Jij hoeft het niet van je tieten te hebben. Jij bent zo ook cool' – maar wel heel spannend. En toen ze er eenmaal waren, was hij net zo in de wolken als ik. Hij noemt ze liefkozend mijn 'pornoballen'. Hij kan er niet van afblijven. 'Hallo tieten!' is zijn nieuwe favoriete begroeting. Ik kon voor het eerst zijn harde lul tussen mijn borsten laten glijden – een memorabel moment. Mijn decolleté is prachtig en mijn beha uittrekken is een feest. Ik ben een reeks nieuwe zelfportretten aan het maken waarin mijn nieuwe aanwinsten een prominente rol spelen. Dat wordt *Selfmade* II.

Ik stond al bekend als een vrouw met ballen, maar sinds ik vijftig ben, heb ik ze echt. Het werd hoog tijd.

Hartklachten

Ik had pijn op mijn borst. Zomaar, uit het niets. Het werd steeds erger. Ook mijn keel voelde raar aan. Het was rond zessen. Dat soort toestanden heb je altijd na zessen of in het weekend. Het drukkende gevoel op mijn borst hield aan, een innerlijke alarmbel ging af. Ik belde toch maar even de huisartsenpost, en nadat ik mijn klachten had beschreven, kreeg ik te horen dat er een ambulance zou worden gestuurd.

'Dat hoeft niet, hoor,' zei ik nog. 'We rijden zelf wel even naar de Eerste Hulp als het echt moet.'

'U rijdt nergens heen. U blijft rustig zitten,' werd mij verteld.

Luttele minuten later klonk buiten een gillende sirene, en voor ik het wist lag ik in de ambulance, waar ik werd behangen met plakkers, opdat er een hartfilmpje kon worden gemaakt. Het filmpje liet niets bijzonders zien. Mijn bloeddruk was wel erg hoog. Ik kreeg een pilletje onder mijn tong, werd naar het ziekenhuis gebracht en aan de hartbewaking gelegd.

'U bent eigenlijk nog te jong voor hartproblemen, maar zeker bij vrouwen nemen we geen risico,' zei de ambulancebroeder.

Hart- en vaatziekten zijn doodsoorzaak nummer één bij vrouwen, dat wist ik. De verschijnselen zijn minder duidelijk dan bij mannen; daarom worden hartklachten niet altijd als zodanig herkend. Maar toch: ik ben zo gezond als een vis, heb geen overgewicht, rook niet, drink amper. Had die week nog een lange fietstocht gemaakt, zonder enig probleem. Hoe kon mijn hart me in de steek laten?

Er werd bloed afgenomen, ik lag een paar uur aan de monitor, waarna het verlossende woord werd gesproken: alles leek prima in orde. Ik zou nog een keer moeten terugkomen voor een fietstest en dat was het dan. Ik mocht naar huis.

Heel fijn, maar de klachten bleven.

Ik greep mijn laptop en begon erop los te googelen. Dat moet je natuurlijk nooit doen, maar ik deed het toch. Hevige krampen op de borst. Branderig gevoel in de keel. Ik had al een tijdje geen trek meer in koolzuurhoudende dranken – was dat veelzeggend? Mijn ene oog stond trouwens ook een beetje vreemd; dat zou weleens het syndroom van Horner kunnen zijn. Klikkend van site naar site kwam ik tot de conclusie dat ik slokdarmkanker had in het eindstadium. Ik was ten dode opgeschreven.

De volgende dag kwam het drukkende gevoel in alle hevigheid terug. Ik voelde me beroerd, het was weekend, natuurlijk was het weekend, ik belde de huisartsenpost en belandde weer in het ziekenhuis, waar ik wederom door de molen werd gehaald, met dezelfde uitkomst: uw hart doet het prima. Ook de fietstest legde ik met goed gevolg af. Er werd een longfoto gemaakt. 'Wilt u kijken of u een tumor ziet bij mijn slokdarm?' fluisterde ik tegen de verpleegkundige. 'Ben je daar bang voor?' vroeg ze met een glimlach. 'Ik snap het, hoor, we zijn allemaal hypochonder hier.' Op de foto was niets te zien.

Een paar dagen later kwam mijn huisarts tot de conclusie dat mijn slokdarm geïrriteerd was. Ze schreef medicijnen voor die dit euvel moesten verhelpen. En verdomd, na een paar dagen verdwenen de klachten. Ik ging niet dood door hartfalen of slokdarmkanker, maar stierf wel een beetje van schaamte.

Ongegeneerd en uitdagend

Op het Boekenbal droeg ik een galajurk van couturier Jan Boelo. Het kledingstuk was gemaakt van een bijzondere zwart-witte stof met verticale strepen, die Jan in Parijs – waar anders? – op de kop had getikt. Toen De Jurk per aangetekende post arriveerde, trok ik hem snel aan, ging voor de spiegel staan en maakte een paar foto's. Die appte ik naar mijn dochter, mijn pr-man, mijn vriend en Jan zelf natuurlijk.

'DIE JURK IS DOORSCHIJNEND!' Mijn dochter reageerde razendsnel. 'Doe je wel een hemd aan? Je bent vijftigplus.'

Mijn pr-man zei het iets voorzichtiger, maar maakte ook duidelijk dat ik wel moest letten op wat ik eronder zou dragen, anders werd het goedkoop.

Bart reageerde positief: 'Ik zie je zwarte string. Sexy. Het moet alleen niet te veel afleiden.'

Ik belde Jan Boelo. 'Heel gaaf, die jurk, Jan. Maar je ziet er alles doorheen.'

Hij begon te lachen. 'Wij hadden het er al over in het atelier. We waren heel benieuwd hoe de strepen zouden vallen. Bedekken ze genoeg? Of onthullen ze te veel?'

'Ze onthullen genoeg,' antwoordde ik. 'Je ziet zelfs mijn navelpiercing.'

'Probeer een huidkleurige body,' tipte Jan. 'Dat zal vast helpen.'

Ik deed wat hij vroeg. De jurk was direct een stuk netter. Ook een stuk saaier.

Ik dacht aan Kim Kardashian. Zij zou er geen seconde over nadenken en de jurk met amper iets eronder dragen. Het is een van de redenen waarom ik haar bewonder: Kim durft op rode lopers te verschijnen in de meest blote outfits. Ze laat alles zien wat ze in huis heeft. En dat is veel. Haar poses zijn ongegeneerd en uitdagend, maar haar blik blijft stoïcijns. 'Heb je hier een probleem mee?' zegt die blik. 'Jammer voor je. Ik niet.'

Ik legde de kwestie voor aan mijn dochter. Als Kim het kon, kon ik het ook. Toch? Olivia dacht er het hare van. 'Kim Kardashian is Kim Kardashian, mam. Een mode-icoon. Jij bent schrijfster. Je bent geen twintig meer. Het is een no-go.'

Ineens drong het tot me door. Mijn leeftijd deed me de das om. Ik zou dus niet alleen op het Boekenbal, maar ook de rest van mijn hopelijk nog lange leven nooit meer iets doorschijnends mogen dragen. Ik herinnerde me een relletje rondom actrice Susan Sarandon, die het bij een award-uitreiking had gewaagd alleen een zwarte push-upbeha onder een wit colbertje te dragen. Internet stond er bol van. Een bijna zeventigjarige vrouw gunde de wereld een blik op haar decolleté. Tjongejonge, wat een toestand. Ongehoord. Wat bezielde haar?

En zo stond ik op tweeënvijftigjarige leeftijd dankzij Jan Boelo en het Boekenbal op een kruispunt in mijn leven. Welke weg zou ik kiezen? De veilige weg, die mijn dochter al voor me had uitgestippeld? Of sloeg ik bij Hoevelaken rechts af en volgde ik de minder drukbezochte weg, waar mijn heldinnen vrolijk voor me uit snelden? De keus was eigenlijk niet zo moeilijk. Toen Bart thuiskwam, toonde ik hem De Jurk met alleen een zwart setje eronder. Hij knikte waarderend en gaf daarmee het laatste zetje. Ik trok mijn hakken aan en hoorde Sinatra zingen. *The record shows, I took the blows and did it my way.*

Hollands verjaardagsfeest

'Mis je Nederland niet?'

Toen ik naar Portugal emigreerde, was dat de meest gestelde vraag. Sinds ik weer terug ben, hoor ik steevast: 'Mis je Portugal niet?' – ik heb inmidddels een nieuw standaardantwoord ingestudeerd.

Als ik iets níét miste, in Portugal, dan was dat het Nederlandse verjaardagsfeest. Onlangs bezocht ik er een. Toen ik de woonkamer in liep, zat die al vol mensen. Het feest was stipt om drie uur begonnen – op mijn horloge was het ergens na vieren. De aanwezigen zaten netjes in een kring; op hun schoot prijkten schoteltjes met kruimels van een stuk appeltaart. Op de grond vormde een hoopje peuters en baby's het stralend middelpunt van de kring. Ze werden overladen met vertederde en trotse blikken. Een van de blonde kruipers meende ik te herkennen als een nazaat van de jarige, maar ik wist het niet zeker. Om te voorkomen dat ik een wildvreemde baby over het hoofd zou gaan aaien, waarna deze ongetwijfeld in huilen zou uitbarsten, hield ik het bij een vaag zwaaitje, waarop het kereltje niet reageerde.

Ik kende bijna niemand. De kring leek een gesloten geheel, er was geen stoel vrij, ik wist niet waar ik moest gaan zitten en durfde geen willekeurig praatje aan te knopen. Om de middag soepel te laten verlopen had ik een her-inburgeringscursus moeten volgen, maar daarvoor was het nu te laat.

In Portugal vier je een verjaardag doorgaans buiten. Je gooit de BBQ in de achterbak en rijdt naar een 'geheim' strandje zonder toeristen. Daar steek je de houtskool aan, vouw je je handdoek uit en wacht in de schaduw – de zon is te heet – tot je vrienden arriveren. De een doet dat nog later dan de ander, want in Portugal komt nooit iemand op tijd. Vriendin A neemt een salade mee, vriendin B sjouwt met een paar kannen sangria, ik ben specialist knoflooksaus. Er is altijd wel iemand met een boot, een jetski of een bal. Je speelt een potje voet- of volleybal, vaart een rondje, neemt een duik, smeert elkaars rug in, wisselt de laatste roddels uit, en zo rommel je door tot de zon ondergaat en het tijd wordt om het zand van jezelf en de kinderen af te kloppen en de boel in te pakken.

Hoe anders gaat het eraan toe in een Hollandse huiskamer. Iemands rug insmeren is een overbodige handeling. Voor een duik in de dichtstbijzijnde sloot is het te koud. De gastvrouw zou raar opkijken als ik kannen vol sangria of een bak knoflooksaus meesjouw, en het is niet de bedoeling dat je met het voertuig van een van de aanwezigen een rondje gaat crossen in de buurt.

Het enige wat je met goed fatsoen kunt doen, is over koetjes en kalfjes praten. Je kunt ter afwisseling naar de keuken lopen, want daar schijnt Het Echte Feest altijd plaats te vinden, en je kunt naar de wc. Als je daar een kinderbril, een bosje gedroogde lavendel en een mand met tijdschriften aantreft, is de verleiding groot om jezelf door te trekken in de hoop ergens anders boven te komen. 'Feest heeft als doel ons te doen vergeten dat we eenzaam, ongelukkig en ten dode opgeschreven zijn. Met andere woorden, ons in dieren te veranderen,' aldus de Franse schrijver Michel Houellebecq. Op oer-Hollandse verjaardagsfeesten zou ik niets liever willen dan in een dier te veranderen – in een mus bijvoorbeeld, om vervolgens ongezien uit het dichtstbijzijnde raam te vliegen.

Verhuisbericht

Hallo Holland, ik ben terug. Geremigreerd, zoals dat heet. In 2005 vertrok ik met man en kinderen naar een villa met zwembad in de Algarve. We genoten van ruim drieduizend zonuren per jaar. Met slechts zesenvijftig regendagen voelden we ons de koning te rijk. Mijn volgers op social media werden met regelmaat getrakteerd op gekmakende plaatjes uit ons Portugese paradijs. Strakblauwe luchten, wuivende palmen, schitterende zonsop- en zonsondergangen, het kon niet op.

De jaren vlogen voorbij. De kinderen leerden Portugees en Engels, ik schreef de ene bestseller na de andere, we verbouwden ons huis. We verbouwden het nog eens. En nog eens. We vernieuwden onze huwelijksgeloftes. Tevergeefs.

Eind 2012 gingen mijn man en ik uit elkaar. We bleven vrienden, maar toch. De dagen in het paradijs waren geteld. Mijn voornemen om in de villa te blijven leek steeds minder aantrekkelijk. Onze dochter studeerde in Nederland, onze zoon zou haar voorbeeld volgen. Ik zou alleen achterblijven op een groot landgoed met een villa, een chalet en twee honden.

Ik maakte plannen voor een nieuw leven. Mijn terrein zou een hippieachtige plek worden, waar vrienden konden neerstrijken. Een rustoord voor reizigers. Een zwaluwnest waarop de kinderen altijd konden terugkeren. Of, nog beter: het zou The Mansion 2.0 worden. *Move over, Hugh Hefner*, hier komt Heleen met haar playboys. Ik zag het helemaal voor me en bedacht er gelijk een tv-format bij: *Wie mag in The Mansion?* Een indrukwekkende stoet jongemannen zou zich aanmelden. Ze dienden zich in het gelid op te stellen om hun hardbody's door mij te laten keuren, uiteraard slechts gekleed in een te kleine zwembroek. Na een zware strijd, waarbij de weggestemde kandidaten steevast in tranen hun koffers pakten, bleven drie uitverkorenen over. Zij mochten in The Mansion blijven, kregen een uniform (lees: fleurige surfshorts) en hielden zich voortaan bezig met belangrijke taken als: het zwembad schoonmaken, mij van drankjes voorzien en de honden borstelen. *Wie mag in The Mansion?* zou naadloos overgaan in een reallifesoap en we leefden nog lang en gelukkig.

Rond de tijd dat ik John de Mol wilde bellen om mijn geniale plan aan hem voor te leggen, leerde ik Bart kennen. We werden verliefd en gek genoeg vond hij het Mansion-format geen goed idee. Sterker nog: hij verbood het. Het grote pendelen begon. Ik vloog naar Bart, Bart vloog naar mij. We vlogen wat af, Transavia voer er wel bij. Hoe vaker ik in Nederland kwam, des te meer ik me er thuis voelde. Wat een fijn land. Wat had ik de Blokker, de Hema en het Kruidvat gemist. En wat te denken van Hollandse nieuwe, drop en bitterkoekjesvla? Dat hebben ze allemaal niet in Portugal. Tel daar een licht dementerende moeder bij op en ineens weet je het: het is tijd om terug te komen. Thuis is waar de mensen wonen van wie je houdt, daar kan geen paradijs tegenop.

Tienduizend stappen

'Mam, ga alsjeblieft zitten. Ik word bloednerveus van je,' roept Sam vanaf de bank.

'Ik kan niet stoppen. Ik moet nog 1250 stappen.'

'Ga dan naar buiten. Doe daar je stappen.'

'Ben je gek? Het regent.'

Ik loop driftig op en neer in onze woonkamer – elf stappen heen, elf stappen terug – en om de paar minuten check ik mijn mobiel voor de stand.

'Je bent volslagen gestoord. Echt.' Sam schudt zijn hoofd, plugt zijn oortjes in en gaat verder met zijn huiswerk.

Ik negeer zijn hoon. Tienduizend stappen is mijn nieuwe missie en niemand die me daarvan afhoudt.

Mijn leven is voorgoed veranderd sinds ik een stappenteller heb. Ik zeg dit zonder enige ironie. Ik sta ermee op en ga ermee naar bed, en als ik 's nachts naar de wc ga, moet ik me bedwingen om hem niet even te pakken. Zijn toch gauw twaalf stappen.

Ik draag het apparaatje in mijn broekzak of klem het aan mijn beha. Het is gekoppeld aan een app op mijn mobiel, zodat ik op elk moment van de dag kan zien hoeveel stappen ik al heb gezet. Mijn gemiddelde ligt op 12.500 stappen per dag. Mijn record staat op 25.066 ofwel 17,86 kilometer. Een topdag was dat.

Wat ook zo handig is: het apparaatje houdt mijn calorieverbruik bij. Dat een vrouw ongeveer 2000 calorieën per dag verbrandt, is een fabel. Hoeveel je verbrandt hangt af van je lengte, je gewicht, je leeftijd en je dagelijkse activiteit. Mijn lichaam verbruikt slechts 1280 calorieën per dag als ik niet noemenswaardig beweeg. Aangezien ik meer wil eten dan een schamele 1280 calorieën maak ik met liefde mijn rondjes door de kamer. Om de verbranding extra aan te jagen loop ik onze trap op en af. Want ook dat houdt de teller bij. Hoe meer verdiepingen, hoe hoger het calorieverbruik en hoe meer ik kan eten. Jippie!

Sinds ik de stappenteller heb, doe ik vaker lopend boodschappen en pak ik aanzienlijk minder vaak de auto. Ik negeer liften en kies altijd voor de trap. Door elke dag minstens 10.000 stappen te zetten en dertig verdiepingen te beklimmen, is bewegen een automatisme geworden. Laten we eerlijk zijn: eens per week naar de sportschool zet geen zoden aan de dijk. Elke dag twintig minuten je eigen trap op en af gaan helpt wel en is stukken makkelijker dan dat gedoe met sportkleding, matjes, handdoeken en flesjes.

Natuurlijk sla ik een beetje door, maar dat is nu eenmaal mijn aard. Als het te dol wordt, roept mijn omgeving me een halt toe. Toen ik tegen Bart zei dat ik graag een boodschappenkarretje voor mijn verjaardag wilde, omdat dat gesjouw met die tassen zo zwaar is, reageerde hij minder positief dan ik had verwacht.

'Een boodschappenkar? Hoe oud word je – tachtig? Geen haar op mijn hoofd!'

'Je hebt tegenwoordig heel hippe,' probeerde ik nog. 'Met bloemetjes in felle kleuren.'

'Mijn vriendin trekt geen boodschappenkar achter zich aan op straat. Punt. Loop maar twee keer, als het je te zwaar vindt. Is goed voor je stappen.'

Briljant! Dat ik daar zelf niet aan had gedacht.

Gesprek met mijn botoxarts

Een bezoek aan een dokter is voor een vrouw doorgaans geen groot genoegen. Je moet je benen spreiden voor een uitstrijkje of je borsten laten pletten tussen twee platen voor een mammografie. Je doet het braaf omdat je een verstandig mens bent, maar er is weinig feestelijks aan.

Hoe anders is een bezoekje aan dokter Helga. Een paar keer per jaar meld ik me bij haar kliniek. Ik zie daar nooit tegen op – integendeel. Zoals G.B.J. Hiltermann de toestand in de wereld besprak, zo bespreken dokter Helga en ik de toestand van mijn gezicht in Naarden-Vesting. We pakken de spiegel erbij, we halen de oude foto's tevoorschijn en kijken gezamenlijk wat er te redden valt.

Sleutelen aan mijn lichaam is voor mij nooit een probleem of taboe geweest. Als kind was ik een lelijk eendje: ik droeg een bril, had een enorme spleet tussen mijn voortanden en mijn moeder knipte mijn haar. Wat was ik blij met de orthodontist die mijn gebit fatsoeneerde. Wat was ik blij met het zaterdagbaantje waarmee ik contactlenzen en een kapper kon betalen. Inmiddels zijn mijn ogen voorzien van kunstlenzen, waardoor ik nooit een leesbril nodig heb of staar kan krijgen. Mijn oogleden hangen niet meer, want ze zijn gecorrigeerd. Siliconenimplantaten hebben mijn borsten een tweede leven gegeven. In de toekomst zal ik misschien moeten worden voorzien van kunstknieën of dito heupen. Ik hoop het allemaal mee te maken, want ik ga voor honderd jaar Heleen.

Totdat ik die leeftijd bereik, zal ik dokter Helga trouw blijven bezoeken. Zonder haar zou ik niet de vrouw zijn die ik nu ben. Dit gesprek moet dan ook gezien worden als een ode. Een ode aan de vooruitgang en aan Helga's vakmanschap en talent.

Helga, hoelang kennen wij elkaar nu al?

'Achttien jaar. We hebben elkaar voor het eerst gezien in 2002, in de Velthuis-kliniek in Hilversum. Jij had diepe, donkere kringen onder je ogen. Je noemde het zelf wasbeerogen.'

Het leek alsof ik doorlopend moe was. Dat stoorde me. Mijn moeder had ook van die diepliggende ogen. Jij zei: 'Daar is wat aan te doen.'

'Ik heb de kringen onder je ogen met een filler iets minder diep gemaakt.'

Misschien is het handig om voor de leek het verschil uit te leggen tussen fillers en botox. Je injecteert ze allebei in mijn gezicht, maar het zijn twee verschillende vloeistoffen.

'Ja, die twee worden vaak door elkaar gehaald. Botox ofwel botulinetoxine is een natuurlijk gif dat de zenuwfunctie blokkeert, waardoor de spier niet meer kan samentrekken en je huid ontspant. Hierdoor worden rimpels minder diep. Een goed voorbeeld is de fronsrimpel tussen je ogen; die vlakt door botox af. Als je een vriendelijkere uitstraling wilt, kan dat helpen. Maar als iemand juist meer gezag wil uitstralen, laat ik hem zitten.'

Botox heeft ook een liftend effect op je wenkbrauwen, wat ik prachtig vind.

'Het opent je ogen, als het ware. Dat komt doordat ik de balans tussen de spier die je wenkbrauwen omlaagtrekt en de spier die je wenkbrauw lift op een gunstige manier beïnvloed. Ik leg die spieren trouwens niet volledig stil. Dan zouden weliswaar alle rimpels in je voorhoofd weg zijn, maar je expressie ook, en dat wil je niet.

Een filler – het woord zegt het al – vult. Van een filler zie je direct resultaat, maar bij botox duurt het een aantal dagen voordat het effect zichtbaar is. Heel belangrijk om te weten is dat alles wat ik doe omkeerbaar is. Het resultaat is dus tijdelijk. Permanente fillers, zoals we die vroeger hadden, worden niet meer gebruikt.'

Ik was zevenendertig toen ik voor het eerst bij je kwam voor die wasbeerogen. Je hebt nog foto's uit die tijd. Sinds dat moment fotografeer je voorafgaand aan elke behandeling mijn gezicht. Zowel de voorkant als de zijkanten, het zijn net mug shots. Ik schrik elke keer als ik die foto's zie, want ze zijn extreem onflatteus. Ik draag geen make-up, mijn haar zit strak naar achteren, je ziet geen lach, zelfs geen glimlach, want dat mag niet. En dat alles in een onflatteus licht. Als ik de allereerste foto's terugzie, denk ik: mijn hemel, wat was ik nog jong! Wat deed ik in godsnaam bij een cosmetische kliniek? Mijn huid was nog zo stevig. De jeugdigheid droop ervanaf.

'Toch is het slim van je geweest om bij me aan te kloppen toen je nog in de dertig was. En je begon al met een voorsprong, want je botstructuur is heel goed. We zijn destijds voorzichtig met een onderhoudsplan begonnen. Ik vergelijk een gezicht graag met een huis: als je jong bent is de fundering nog stevig, maar naarmate je ouder wordt, wordt die steeds minder solide en begint het huis te verzakken. Hoe verder dat proces al gevorderd is, hoe moeilijker het wordt om de basis te herstellen.'

Wat is het nut van al die foto's?

'Ze zijn voor mij ontzettend handig, omdat het de bedoeling is dat je op jezelf blijft lijken. Jij wilt geen ander uiterlijk, je wilt je eigen uitstraling en kenmerken behouden. Ik kan de jonge en de oude Heleen naast elkaar leggen om ze te vergelijken. De foto's zijn daarnaast heel nuttig om je te kunnen laten zien dat je bepaalde oneffenheden al je hele leven hebt. Je ene oog staat bijvoorbeeld minder open dan het andere. En de ene kant van je bovenlip is iets smaller dan de andere kant. Je ene wenkbrauw eindigt ook iets lager dan de andere. Dat zijn geen gevolgen van het ouder worden, maar was altijd al zo; dat bewijzen de foto's. Bijna geen enkel gezicht is volledig symmetrisch. Het jouwe ook niet.'

Mijn ogen zijn wel kleiner geworden. Mijn kaaklijn is duidelijk minder strak. En mijn onderkin hangt ook lager.

'Aan die onderkin is wel iets te doen, hoor.'

Vertel!

'Heel simpel: je kin nooit omlaaghouden. Zeker niet op foto's. Maar serieus, natuurlijk is aan je te zien dat je ouder wordt. Je schedel krimpt, en daarmee ook je gezicht. Er is sprake van botverlies en verlies van structuur. Je ogen zijn kleiner geworden doordat je oogkassen wijder zijn geworden, waardoor je oogbollen meer in je kassen worden getrokken. Daarnaast zijn je oogbollen ook nog eens kleiner geworden door vochtverlies. Dat iemand ouder is, zie je niet zozeer aan rimpels, maar aan het totaalplaatje. Een ouder gezicht is heel anders dan een jong gezicht. De huid is meer gepigmenteerd, de elasticiteit is minder, je kunt dat met geen mogelijkheid verbloemen. Het belangrijkste is dat de vorm van je gezicht verandert door de verandering van de botstructuur. Dat gebeurt bij iedereen, mannen en vrouwen. Daarom gaan oudere mensen ook meer op elkaar lijken.'

Jij bent altijd heel eerlijk, daar hou ik van. Je zegt doodleuk dat het alleen maar minder en erger zal worden. Dat je de tand des tijds niet kunt tegenhouden. Je belooft geen gouden bergen of eeuwige jeugd.

'Dat zou ook onrealistisch zijn. Ik kan je niet jonger maken, maar ik kan je wel helpen om op een vriendelijke manier ouder te worden.'

Dat is het pact dat we samen hebben gesloten. Tot de dood ons scheidt.

'Ja, daar gaan we voor. Tenzij mijn hand zo bibberig wordt dat ik niet meer kan spuiten, maar daar bedenken we dan wel een oplossing voor.'

Je hebt in 2004 je eigen kliniek geopend in Naarden-Vesting. Ik ben je als een trouwe hond gevolgd en heb een speech gehouden tijdens de opening. Je bent een vrouw naar mijn hart: ondernemend en doortastend. En het belangrijkste: je bent ontzettend goed in je vak. Ik vaar blind op je. Toch moet ik tot mijn schaamte bekennen dat onze relatie vooral eenrichtingsverkeer is. Het gaat altijd over mij, nooit over jou. Dat is ook de reden waarom ik dit gesprek met je wil. Wat drijft jou? Hoe ben je in dit vak beland?

'Mijn verleden is bepalend geweest, en met name mijn moeder. Mijn moeder was lichamelijk gehandicapt, maar ze was ook heel slim. Ik denk dat ik haar hersens heb. Al heel vroeg leerde ik dat mensen alleen naar de buitenkant kijken. Mijn moeder liep mank en haar rechterhand was verkrampt omdat ze als baby polio had gehad. Ze had ook veel operaties ondergaan. Toen ik nog jong was, waren er altijd mensen die mij aanspraken in plaats van mijn moeder. Dat was vreemd en het is me altijd bijgebleven. Mijn moeder ervoer het als pijnlijk en heel vervelend. Zij zei ook altijd: als ik gisteren geopereerd zou kunnen worden en twee goede handen zou kunnen krijgen, zou ik dat eergisteren laten doen. Toen ze zwanger was van mij en mijn broer kreeg ze ook vaak de vraag: ben je niet bang dat je het overbrengt aan je kinderen? Wat natuurlijk niet kon, want polio is een virus. Het frustreerde haar enorm dat ze haar leven lang werd geconfronteerd met een ziekte die ze allang niet meer had. De les die ik leerde was dat je uiterlijk, dat wat mensen zien, bepaalt hoe je wordt behandeld. Jij kunt wel een bepaalde identiteit of een idee over jezelf hebben, maar als de ander dat niet ziet of niet wil zien, dan zul je daarmee moeten leren omgaan, tenzij je je uiterlijk manipuleert.'

Het gevleugelde gezegde luidt dat ware schoonheid vanbinnen zit.

'Ja, maar het is toch wel heel fijn als je die vanbuiten ook kunt zien. Ik zal ook nooit vergeten wat ik in het Erasmus-ziekenhuis meemaakte op de afdeling Gynaecologie. Een gynaecoloog die zich bezighield met genetische afwijkingen vroeg me: "Komt er bij jou in de familie veel mentale retardatie voor, ofwel: zijn er veel zwakbegaafden of familieleden met Down?" "Welnee, hoezo?" zei ik. Zij dacht dit te kunnen zien aan mijn kleine kin, want zogeheten micrognathie wordt geassocieerd met domheid. Je merkt het ook aan de taal die we hanteren. Je hebt een "krachtige kin" of een "zwakke kin", een "sterke" of een "slappe kaaklijn". En dat wordt dan gekoppeld aan je karakter.'

Hoe belangrijk is uiterlijk?

'Veel belangrijker dan we zouden willen, denk ik. Uiterlijke kenmerken beïnvloeden de manier waarop anderen jou onbewust inschatten. Als we iemand voor het eerst ontmoeten, beoordelen we diegene razendsnel: vind ik hem aantrekkelijk? Zou ik nageslacht van hem willen? Vertrouw ik hem? Acht ik hem competent? De zwaarte van die beoordelingen wisselt. Als je voor het eerst je makelaar ontmoet, of een arts, zul je diens competentie belangrijker vinden dan fysieke aantrekkingskracht. Gezichten toetsen we in feite continu. Hoe je dat doet ligt ook aan je leeftijd. Wanneer je jong bent, ben je doorgaans meer bezig met aantrekkelijkheid dan met betrouwbaarheid.'

Wat was jouw droom toen je jong was? Wat wilde je worden?

'Ik was niet echt een dromer. Maar één ding wist ik zeker: dat ik altijd, koste wat het kost, mijn eigen boterham wilde verdienen. En niet afhankelijk wilde zijn van iemand anders. Ik ben er altijd van doordrongen geweest dat ik een groot geschenk heb gekregen: een prima werkend brein met twee heel goede handen. Ik heb een uitstekende motoriek en kan "kijken" met mijn vingers. Ik wist dat ik daarmee altijd mijn boterham zou kunnen verdienen, en dat is ook gebeurd. Als ik jou behandel, kijk ik niet, ik voel. Ogen zijn soms misleidender dan we denken. Dat zeg ik ook tegen de artsen die ik opleid. We prikken blind. Zodra je door de huid heen bent, heb je geen beeld meer. Dan moeten je vingers het voelen: door welke lagen ga ik, ben ik door de huid heen, ben ik door het onderhuids vetweefsel heen, zit ik in de spier? Waar ben ik eigenlijk?'

Hoe ben je uiteindelijk in de schoonheidsindustrie beland?

'Na mijn studie geneeskunde werkte ik als universitair docent toen ik in 1994 de eigenaresse van kuuroord L'Hermitage in Limburg ontmoette. Zij zei: "Ik heb een dokter die prikt, die doet met name rimpeltjes en lippen. Is dat niks voor jou?" Ik ben toen begonnen op de zaterdagmiddag. Er was geen opleiding, er was niemand die je vertelde hoe het moest. Dat moest je zelf uitzoeken.'

Kreeg je dan geen opleiding van die dokter?

'Welnee, ik heb een keer meegekeken en toen zei hij: "Dit kun jij ook." En zo is het begonnen, als bijbaantje. Maar ik vond het meteen ontzettend leuk, met name het prikken.'

Er was toen nog geen botox, toch?

'Nee, alleen siliconenolie en collageen. Daar moest je het mee doen. Het probleem van nu is dat we eigenlijk te veel producten en mogelijkheden hebben, waardoor je ze niet goed in de vingers krijgt. En juist dat is cruciaal. Het is net alsof ik tegen jou zou zeggen: schrijven, hoe moeilijk kan het zijn, je hebt toch een pen? Maar natuurlijk kan niet iedereen met een pen schrijven. De producten in mijn vak zijn bijzaak. Je moet leren prikken en je moet vooral goed leren kijken en weten wat er onder de huid zit.'

Kun je je de eerste keer nog herinneren?

'Ja, dat waren lippen. En die moest ik eerst verdoven, want de producten hadden toen nog geen verdovende werking, dus dat gebeurde met een tandartsverdoving. Daarvoor was ik even bij een tandarts in de leer gegaan. Halverwege die eerste behandeling werd ik duizelig en moest ik even gaan zitten. Ik vond het heel spannend, maar daar merkte de cliënt gelukkig niks van.'

Het was dus jarenlang een bijbaantje voor je?

'Ja. Het keerpunt kwam in 1997, toen ik een zwaar auto-ongeluk kreeg, waarbij ik allebei mijn polsen heb gebroken. Het waren gecompliceerde breuken en mijn armen moesten maandenlang in het gips. Het heeft bijna een jaar geduurd voordat het weer goed met me ging. Ik ben mezelf echt tegengekomen in die tijd. Het was een moment voor reflectie en nieuwe keuzes maken.'

Was je bang dat je je fijne motoriek zou kwijtraken?

'Nee, maar het dwong me wel om mijn situatie onder ogen te zien: wat wilde ik nu echt? Ironisch genoeg was dat: met mijn handen werken. Tijdens mijn ziekteverlof heb ik zes tuinboeken aangeschaft en ben ik als een malle onze tuin gaan snoeien. Mijn man dacht dat er niets meer zou teruggroeien, maar ik zei: let maar op, het komt goed. En dat was ook zo. Toen mijn polsen volledig waren hersteld, stopte ik bij de universiteit en ging ik samenwerken met de Velthuis Kliniek in Rotterdam.'

Beviel dat?

'Jazeker. Ik heb laserbehandelingen gedaan, liposucties en ook ooglidcorrecties, maar uiteindelijk ging mijn hart toch uit naar injecties, zeker toen in 2000 botox op de markt kwam. Ik zei tegen mijn toenmalige baas Peter Velthuis dat we botox en fillers moesten gaan aanbieden. Hij liet me daarin gelukkig vrij, en zo stonden we aan het begin van de enorme vlucht die injectables uiteindelijk hebben genomen. Na een paar jaar opende ik dus in 2004 mijn eigen kliniek. Peter is nog altijd een goede vriend en ik beschouw het als een cadeau dat hij op mijn pad is gekomen – via mijn man trouwens, die internist is. Ze waren collega's in het ziekenhuis. Peter en ik werken nu weer samen, want ik heb een aanstelling aan de Erasmus Universiteit, waar we wetenschappelijk onderzoek doen.'

Als jij een nieuwe klant op je spreekuur krijgt, hoe verloopt dan de kennismaking?

'Een nieuwe klant is doorgaans rond de vijftig. Het is meestal een vrouw en het eerste wat ze zegt is: "Ik wil er niet anders uitzien, ik wil niet dat iemand het ziet en ik wil niet te veel." Dat is standaard. Er komt nooit iemand binnen die zegt: "Nou, Helga, het wordt tijd dat ik eens een heel ander hoofd krijg." Daar heb jij mij ook nooit om gevraagd. De bedoeling van mijn vak is dat ik jouw identiteit benadruk, niet dat ik die verander. En om je de uitstraling te geven die je wilt en die bij je past. Dat is voor mij de belangrijkste boodschap en ook wel een missie. Wat ik doe is bedoeld om de wereld een beetje minder oneerlijk te maken.'

Jij hebt zelf in de loop der jaren ook aan je gezicht gesleuteld. Dat is duidelijk te zien. Hoe reageren je klanten daarop?

'Ik krijg veel commentaar op mijn uiterlijk. Op zich vind ik dat geen probleem, want dat hoort nu eenmaal bij vrouw-zijn. Vrouwen worden altijd veel meer op hun uiterlijk beoordeeld dan mannen. Mijn mannelijke collega's komen veel makkelijker weg met hun wijkende haargrenzen, bierbuiken en hangwangen. Maar in mijn geval weegt mijn uiterlijk extra zwaar. Dat is vervelend, want het hindert me in mijn werk. Het wordt gezien als een diskwalificatie van mijzelf als vakvrouw. Bij klanten roept het roept angst op. Die zeggen: "Ik wil niet zo worden als jij. Kun jij mij wel de uitstraling geven die ik wil?"'

Dat lijkt me lastig.

'Dat is het ook, maar als ik eruit zou zien als Doutzen Kroes, zou dat ook een probleem zijn. Dan zouden klanten denken: jij hebt makkelijk praten, zo mooi als jij word ik natuurlijk nooit. Je doet het als vrouw niet snel goed.'

Hoe stel je een nieuwe klant gerust?

'Ik benoem het meteen, voordat ze er zelf over begint. Zeg dat ik al zesentwintig jaar in het vak zit en dat ik een voorbeeld ben van hoe het niet moet. Dat ik permanente fillers heb gehad, die nu niet meer worden gebruikt. Dat ik door schade en schande wijs ben geworden, waardoor ik nu beter weet wat wel en vooral wat niet te doen.'

Je bent dus je eigen proefkonijn geweest?

'Zo zou je het kunnen zeggen, ja. In de loop der jaren heb ik beetje bij beetje delen van mijn gezicht veranderd. Dat begon bij mijn kin; die moest anders. En er was altijd wel een collega die zei: "Zal ik dit of dat ook even bij je doen?" Als je een heleboel stukjes en beetjes los van elkaar verandert, levert dat niet het resultaat op dat je wilt. Want als je ergens een detail verandert, heeft dat invloed op de rest. Ofwel: als je iets aan je lippen doet, kunnen je ogen er ook anders uit gaan zien, omdat de onderlinge samenhang verandert. Toen ik dat doorkreeg, heb ik de tipping point approach ontwikkeld. Dankzij deze methode blijft de identiteit van je gezicht behouden en sleutelen we alleen aan de gewenste uitstraling. Die mag fris en levendig zijn en moet matchen met je persoonlijkheid. Deze methode heb ik geregistreerd en breng ik nu ook over aan collega's.'

Ik ga altijd met veel plezier naar je toe en de prikken kan ik goed verdragen. Maar er is één behandeling geweest die ik heel heftig vond, dat was de chemische peeling die je bij me hebt gedaan. Het resultaat was prachtig, ik kreeg er een babyhuidje van, maar het deed ontzettend pijn. Je bracht dat spul aan op mijn wangen, mijn voorhoofd en ook op mijn oogleden, en het was alsof je zoutzuur in mijn gezicht had gegooid. Ik wilde het er het liefst afvegen, maar dat kon niet, want het brandde al in mijn huid.

'Ja, ik weet nog dat je erg schrok van de pijn. Ik heb die behandeling zelf ook gedaan en vond het ook heftig. In de VS gaan mensen eerst onder narcose, dat zegt ook wel iets.'

De dagen erna had ik geen pijn meer, maar zag ik er verschrikkelijk uit: knalrood en verbrand, de vellen hingen erbij. Ik had op internet een foto gevonden van Niki Lauda na zijn crash in 1976 en die naast een foto van mijn gezicht gemonteerd. We leken sprekend op elkaar. Daar had ik dan wel weer lol in. Mijn manager zei: 'Je kunt rustig over straat, want niemand herkent je.' Weer een paar dagen later leek ik op een Peruaanse vrouw, zo eentje met van die bolle dieprode wangen. Ik was net zo gezwollen en had net zulke spleetoogjes. Het is allemaal goed gekomen, en daar had ik ook alle vertrouwen in. Die kun jij in je zak steken, want ik was geen moment bang dat ik de rest van mijn leven op Niki Lauda zou blijven lijken. Maar ik heb Bart wel plechtig moeten beloven om dit nooit meer te doen. Hij vond het verschrikkelijk. Hij schrok zich elke ochtend kapot als hij naast me wakker werd.

'Het grote voordeel is dat je die behandeling niet hoeft te herhalen. Je hebt je huid nu een complete reset gegeven en dat effect gaat nog jaren en jaren mee. Natuurlijk zijn er vriendelijkere behandelingen, zoals een lichtere peeling, maar die geven een veel minder goed resultaat.'

Je zit nu zesentwintig jaar in het vak. Wat is de grootste verandering tussen nu en de tijd dat je net begon?

'De grootste verandering is dat cosmetische ingrepen voor meer mensen binnen bereik zijn gekomen. In het begin was het vooral iets voor *the rich and famous*. Er hangt nog steeds een prijskaartje aan, maar het taboe erop is gelukkig aan het verdwijnen. Want waarom mag je je wel bijscholen om ergens beter in te worden, maar mag je je uiterlijk geen upgrade geven als je dat wilt? Als die mogelijkheden er zijn, waarom zou je daar dan geen gebruik van mogen maken?'

Helemaal mee eens. Het is mijn stokpaardje. Drogisterijen liggen al eeuwen vol met antirimpelcrèmes die geen enkele rimpel tegengaan. Niemand maakt zich daar druk over – smeer je gerust suf, maak de fabrikant rijk, het werkt toch niet. Maar sinds er producten zijn die wél werken, namelijk botox en fillers, moeten vrouwen uitleggen en verantwoorden waarom ze die gebruiken. Sommige vrouwen doen het stiekem en durven het niet aan hun man te vertellen. Wat ik hypocriet vind. Want je mag je haar verven, je geeft je kinderen een beugel, maar een werkend antirimpelmiddel gebruiken gaat te ver? Hoezo? Ik kan me daar oprecht kwaad over maken.

'Mensen zijn nu eenmaal bang voor verandering. Ze zijn bang dat je niet meer echt bent als je iets aan je uiterlijk verandert. Het kost tijd. Vroeger werd je al ordinair gevonden als je je haar verfde. Nu kraait er geen haan naar. Veel ouderen liepen rond met rotte tanden; dat is tegenwoordig ondenkbaar. Cosmetische ingegrepen worden steeds normaler, al wil of kan lang niet iedereen die laten doen.'

Jouw vak is nog jong en voor verbetering vatbaar. Waar hoop je op voor de toekomst?

'Ik hoop dat er iets zal komen om onze veroudering tegen te gaan. Want als we het verouderingsproces kunnen remmen, heeft dat niet alleen een gunstig effect op ons uiterlijk, maar helpt dat ook tegen allerlei ziektes. Het merendeel van de ziektes die we krijgen is leeftijdsgerelateerd. Het zou mooi zijn als we gezonder doodgaan, met minder aftakelingsverschijnselen. Als het kon, zou ik de eerste zijn om me genetisch te laten manipuleren. Maar ik weet niet of wij dat nog gaan meemaken.'

Ten slotte: als jij de afgelopen jaren helemaal niets bij mij had gedaan, hoe had ik er dan uitgezien? Heel erg?

'Je zou een veel diepere neuslippenplooi hebben. Je zou veel meer rimpels op je bovenlip hebben. Je zou bij je kaaklijn wat kwabjes hebben. Je wenkbrauwen zouden zeker meer naar de zijkant, maar ook lager staan. Je zou een diepere frons hebben. Je moet eigenlijk eens kijken naar een foto van je moeder op jouw leeftijd. Dan zie je aardig terug hoe je er ongeveer uit zou hebben gezien. De grootste winst die we samen de afgelopen jaren met al onze investeringen hebben behaald, is dat we de vorm van je gezicht hebben kunnen behouden. Je ziet wel dat je ouder bent, maar de lijnen zijn overal behoorlijk vloeiend. Vormbehoud is het belangrijkste element van onze strategie, en dat is goed gelukt.'

Ik beloof hierbij plechtig dat ik je nooit zal verlaten. Tot aan het graf, Helga, tot aan het graf!

Het G-kransje

Op een zonnige zaterdagochtend zaten mijn hartsvriendinnen en ik te ontbijten op een Portugees terras. We hadden het over seks. Dat is ons favoriete onderwerp. Niets is nuttiger, heilzamer en meer inspirerend dan sekservaringen uitwisselen met vriendinnen. Op de ontbijttafel lagen twee hamvragen:

1) Heb je je G-spot al gevonden?
2) Heb je weleens geëjaculeerd oftewel gesquirt?

Van de vier vriendinnen bleek eentje – laat ik haar Paulien noemen – beide vragen met een volmondig 'ja' te kunnen beantwoorden. De plattegrond van haar G-spot kon Paulien al jaren uittekenen en ze had ook al eens een orgasme gehad waarbij een opvallende hoeveelheid vocht vrijkwam. Bewerkstelligd door haar eigen man, voegde ze daaraan toe, want met hem had ze nu eenmaal de beste seks.

De andere drie vriendinnen, ik incluis, keken haar hoofdschuddend aan. Stille wateren hebben diepe gronden. Paulien is de rustigste van ons vieren en uitgerekend zij bleek het beest in bed.

We bestelden nog een ronde koffie en net op dat moment kwam de moeder van laat-ik-haar-Danielle-noemen aanschuifelen. Die moeder schijnt vroeger een heel wilde tante te zijn geweest. Een legende in de Algarve. Geen man was veilig voor haar. Tegenwoordig kampt ze met artrose en is ze slecht ter been.

'Wat een gezelligheid hier,' zei ze, terwijl ze verlangend naar ons koffiekransje keek.

'Je mag erbij komen, mam,' zei Danielle, 'maar we hebben het over seks – dat je het weet.'

Dat vond mam geen enkel probleem. Ze liet zich in een stoel zakken en keek ons afwachtend aan.

'Iedereen aan deze tafel moet twee vragen beantwoorden,' legde ik haar uit. Danielle slaakte een kreet en mijn andere vriendinnen begonnen te grinniken. Zou ze het durven? Ik had een reputatie hoog te houden en haalde diep adem.

'Hebt u uw, eh...' Tutoyeren ging vast beter. 'Heb jij je G-plek al gevonden?'

De spanning aan tafel steeg tot ongekende hoogte.

'Ja, natuurlijk. Als ik die nou nog niet had gevonden, kon ik wel ophouden,' antwoordde ze droog.

Danielle hief haar armen ten hemel. 'Waarom zij wel en ik niet? Het is niet eerlijk.'

'En squirten, heb je dat weleens gedaan?'

'Squirten?'

'Spuitend klaarkomen,' verduidelijkte ik.

Ze fronste en dacht na. De bonte stoet aan herinneringen die aan haar geestesoog voorbijtrok bracht een glimlach op haar gezicht.

'Eh... nee, dat geloof ik niet.'

'Godzijdank,' verzuchtte Danielle. 'Dat had ik niet getrokken.'

Op dat moment kwam de vader van Danielle aangelopen. De Algarve is een dorp, ongezien op een terras zitten is onmogelijk. Een mobiel begon te rinkelen, Danielles vader bukte, viste een model 'baksteen' uit zijn rechtersok en begon luid te praten. De vader van Danielle is lichtelijk doof.

'Wat zeg je? Ach, wat een toestand! Helemaal nat? Overal? Hoe kan dat nou?'

Toen hij ophing, vroeg hij verbaasd waarom we als een stel hysterische hyena's over de grond kropen van het lachen.

'De verwarming van je tante lekt,' sprak hij Danielle vermanend toe. 'Dat is niet grappig.'

We hebben het geprobeerd uit te leggen, maar ik geloof dat hij het nog steeds niet begrijpt, terwijl wij tot op de dag van vandaag niet snappen waarom de vader van Danielle zijn telefoon in zijn rechtersok bewaart.

George, Fadi en ik

14 oktober 2012, Londen, Earls Court

'Hi George, leuk je te ontmoeten, ik ben Heleen.'

George Michael kijkt me vorsend aan vanachter zijn bril met getinte glazen.

'Dus jij bent die vrouw waar Fadi het al dagen over heeft?'

'Eh ja, ik denk het.'

'Zat hij naast je tijdens de show?'

'Jazeker, we hebben zelfs gedanst.'

Dansen met Fadi terwijl zijn vriend 'I'm your man' en 'Freedom! '90' zingt in een uitverkocht Earls Court in Londen en je tienerdochter achter je op haar vipplaats in slaap dommelt, is een hallucinante ervaring. Zeker als je bedenkt dat Fadi en ik elkaar op dat moment precies drie dagen kennen. Tijdens een feestje in Amsterdam sprong de vonk tussen hem en mij over. Een puur platonische vonk. Het was de vliegende start van een onwaarschijnlijke vriendschap met een vooralsnog triest einde. De charmante, grappige en knappe Fadi die ik heb leren kennen, is de afgelopen jaren onherkenbaar veranderd in een verlopen junk die in Londen op zijn slippers over straat zwerft en onlangs nog werd gearresteerd wegens het vernielen van auto's. 'George, Fadi en ik' vertelt het tragische verhaal van Fadi Fawaz, vriend van superster George Michael, in drie bedrijven.

I
Fadi & ik

11 oktober 2012, Amsterdam, Emporio Armani Store

Emporio Armani Store Amsterdam viert haar 15-jarig bestaan. Het moeten vette jaren geweest zijn, want de pr-afdeling van het bedrijf vliegt me in uit Portugal – waar ik op dat moment woon – en regelt twee prachtige outfits, zowel voor mij als voor mijn dochter, waarmee we mogen shinen op de rode loper en die we na afloop mogen houden. Voor mij is het een zwarte kokerrok met daarboven een witte, zijden top met aan de voorkant geschulpte halfronde laagjes. Na het feest zal ik de top eigenhandig wassen, waarna hij niet langer glanzend wit is, maar grauw, en de geschulpte laagjes staan alle kanten op. Kan linea recta de prullenbak in. Ik had hem natuurlijk moeten laten stomen, zegt mijn pr-man Jochem hoofdschuddend. Hij vindt het bijkans nog erger dan ik.

De Armani-party wordt gehouden in de winkel in de P.C. Hooftstraat. Er zijn fotografen, journalisten, verschillende BN'ers, cocktails en een DJ. Tussen de gasten ontdek ik op zeker moment een knappe vreemdeling. Hij heeft donker haar met een baard en een snor. Mind you, dit is nog ver voor de tijd dat half mannelijk Amsterdam aan de baard ging. De man is atletisch gebouwd, breed, draagt een colbert met een wit T-shirt op een spijkerbroek. Twinkelende ogen. Hij straalt zelfvertrouwen en plezier uit. Oké, hij lijkt weggelopen uit een Bouquet-roman, maar dan zonder de arrogantie waarmee de mannelijke hoofdpersonen van deze reeks doorgaans behept zijn. We maken oogcontact.

Jochem fluistert me in dat de man naar wie ik zo liefjes lach de vriend is van George Michael. Jochem kent hem uit het uitgaansleven, al voordat hij 'de vriend van' werd. Ik vind het op een of andere manier moeilijk te geloven. Waarom zou de vriend van George Michael hier zijn? En trouwens, waarom zijn alle knappe mannen homo? Maar eerlijk is eerlijk, het maakt de vreemdeling nog interessanter.

Jochem stelt me aan Fadi voor. We hebben meteen een klik. Hij begrijpt dat ik schrijfster ben, dat Jochem mijn pr doet en hij is onder de indruk. Ik begrijp dat hij inderdaad de vriend van George Michael is en dat hij weer terug moet naar Londen om George bij te staan, die nog drie concerten van de Symphonica Tour moet afwerken.

'Waarom komen jij en je dochter niet langs?' vraagt Fadi.

'Kan jij kaartjes regelen?' vraag ik half grappend.

Hij grijnst. Natuurlijk kan hij dat.

'Jullie zijn van harte welkom,' herhaalt hij.

We kletsen, dansen en drinken en maken het laat. Op een gegeven moment doen mijn hakken zo'n pijn dat ik er niet meer op kan staan. Fadi ziet me lijden en vraagt galant of ik een voetmassage wil. Hij zoekt een plekje ergens onder een nep-palmboom, maakt de bandjes van mijn hoge pumps los, trekt ze uit en kwijt zich met verve van zijn taak.

Die nacht slaap ik bij mijn dochter, die een piepklein zolderkamertje bewoont in de nok van een pand aan de Elandsgracht. Na de vijf trappen te hebben beklommen, plof ik neer op de bank, zij gaat boven me liggen op de hoogslaper. Ik kan niet stoppen met praten over Fadi. Het is zo erg dat ze op een gegeven moment een kussen naar mijn hoofd gooit. 'Houd nu op, mam. Je bent starstruck. Ik moet morgen studeren. Ik wil slapen.'

Als ik de volgende ochtend aan Jochem vertel dat Fadi ons heeft uitgenodigd om naar Londen te komen, probeert hij mijn enthousiasme te temperen.

'Dat zei hij vast uit beleefdheid, Heleen. Dat meende hij niet. Je weet hoe het gaat.'

'Volgens mij meende hij het wel. En bovendien: dit zou weleens het laatste concert van George Michael kunnen zijn. Besef je dat wel?'

Jochem lacht: 'Zo oud is George niet, hij is twee jaar ouder dan jij. Die gaat nog wel even mee.'

'Vorig jaar was hij hartstikke ziek, weet je nog? Zijn leven hing aan een zijden draad. Hij had een heftige infectie aan zijn longen.'

'Maar nu is hij weer kiplekker. Je kunt altijd nog naar een concert van hem, als hij weer naar Amsterdam komt. Lijkt dat je niet beter?'

Jochem wil liever dat ik terugga naar Portugal om aan mijn boek te werken, maar hij praat tegen dovemansoren. Ik heb mijn zinnen op Londen gezet.

Fadi en ik hebben geen nummers uitgewisseld, maar dankzij Twitter is hij makkelijk te vinden. Ik stuurt hem een privébericht.

'Hi Fadi, meende je het serieus, wat je over het concert zei? Mijn dochter en ik denken erover om je uitnodiging te accepteren. We zouden morgen op het vliegtuig kunnen stappen. x Heleen.'

Ik stuur het bericht om half twaalf 's ochtends en hij reageert om tien over half twee 's nachts.

'Ja, natuurlijk meende ik het serieus. Jullie zijn allebei welkom. Wanneer willen jullie komen? 14 of 17 oktober?'

Ik ontplof bijna van vreugde als ik zijn reactie lees, maar probeer cool te blijven. Acht minuten later reageer ik.

'De veertiende zou het beste zijn. Hoe gaat dit in zijn werk? Ben je nog in Amsterdam?'

Hij is weer stil, waarschijnlijk in slaap gevallen. Dat zou ik ook moeten doen. De volgende ochtend boek ik twee vluchten naar Londen voor 14 oktober. Ook Olivia ziet het uitje wel zitten, al weet ze niet wie George Michael is.

'Die ken je toch wel?' roep ik verbijsterd. 'Je weet wel, van die kersthit.' Ik begin 'Last Christmas' te zingen, maar ook dat doet verdacht weinig belletjes rinkelen, hoewel dit ook aan mijn gebrek aan zangtalent kan liggen.

In de loop van de volgende ochtend komt het antwoord van Fadi: 'Ik ben weer in Londen. Het concert is morgen in Earls Court. Je hebt wel een hotel nodig. Blijven jullie één nacht?'

'Ja, we vliegen maandag terug. Mijn dochter moet studeren en ik schijn te moeten schrijven. Dus ik vlieg dinsdag naar Portugal.'

'Ons gastenverblijf is vol, anders had ik je dat aangeboden,' laat Fadi weten.'Ik vraag even aan de tourmanager om een hotel voor je te zoeken.'

De immer strak georganiseerde Olivia zit naast me driftig op haar laptop te tikken.

'Mijn dochter heeft net iets gevonden, dicht bij Earls Court. Het kost 49 euro per nacht.'

'Dat klinkt niet betrouwbaar. Veel te goedkoop.'

'Ik ben Nederlands. Wij houden van goedkoop.'

'Lol.'

'Laat me maar weten of jouw tourmanager dit kan overtreffen.'

'Ik heb haar nu aan de lijn. Ze gaat het me snel laten weten. Ik zorg dat je een goede kamer krijgt in een goed hotel. Ik trakteer. '

De volgende dag vertrekken Olivia en ik naar Schiphol voor onze vlucht naar Londen. We maken een pitstop bij het appartement van mijn kapper Mika in Amsterdam.

'Mika, we zijn op weg naar George Michael. Geef ons een kapsel dat minstens twaalf uur goed blijft zitten, liefst langer.'

Mika aarzelt geen moment, gaat in de weer met een krultang en zijn complete voorraad spelden en steekt ons haar schitterend op.

'Je moet er niet te veel aan zitten,' waarschuwt hij, terwijl hij een bus haarlak leegspuit op mijn hoofd, 'want dat is funest. Het wordt vanzelf wel nonchalanter.'

Als we op de luchthaven bij de douane een voor een door het poortje lopen, gaat er blijkbaar een alarm af, want we worden allebei apart genomen.

De vrouw scant ons lichaam en eindigt bij ons hoofd. Daar zit het probleem.

'Mag ik in uw haar voelen?' vraagt ze.

'Liever niet,' antwoord ik. 'Ik ben net bij de kapper geweest.'

Toch moet het. Ze wroet met haar vingers door mijn haar en zet grote ogen op als ze de hoeveelheid spelden voelt.

'Mogen ze blijven zitten?' vraag ik smekend.

Ze knikt.

Als we aan boord zijn en het voorval aan Mika appen wordt hij woedend: hoe durft ze aan mijn creatie te zitten met haar vieze vingers? Is het heel erg?

Het valt mee, stel ik hem gerust.

We stijgen op. Ik kijk Olivia stralend aan.

'Heb je eigenlijk nog wat van Fadi gehoord?' vraagt ze.

'Nee, niks meer. Die zal wel druk zijn.'

'Dus we vliegen nu naar een concert waar we geen kaartje voor hebben en naar een stad waar we geen slaapplaats hebben?'

Olivia heeft een andere kijk op het leven dan ik. Je kunt zeggen, een meer nuchtere kijk.

'Het komt vast goed. Je kent Fadi toch?'

'Je hebt Fadi één keer in je leven gezien, mam. En dat is drie dagen geleden.'

'*I gotta have faith*,' zeg ik met een knipoog.

Zodra we geland zijn, zoek ik contact met Fadi. Hij appt dat er een kamer voor ons is gereserveerd in het Millennium & Copthorne Hotel Chelsea, pal naast Chelsea Stadium. Een deel van het Symphonica Orkest dat George begeleidt verblijft er ook, maar dat ontdekken we pas na het concert. We spreken af dat we een uur voor aanvang op de concertlocatie zullen zijn.

Die avond nemen we een taxi naar de venue, zoals een concertlocatie in Engeland zo mooi heet. Ik draag een korte pencildress met hoge hakken.

'*Are you going to escort*?' vraagt de taxichauffeur.

'*No*!' antwoord ik beledigd. '*I am not an escort*.'

'Hij zei Earls Court, mam,' zegt Olivia. Ze heeft op een Internationale School gezeten met Britse leraren. Aan haar Engels mankeert niks.

Fadi wacht ons op bij de ingang. Ik zie een andere man dan op het Armanifeest. Hier staat een serieuze gastheer, die hard aan het werk is. Zijn baard is getrimd. Hij draagt een net pak, heeft een keycord met een pasje om zijn nek en is een beetje gehaast omdat hij duidelijk duizend dingen aan zijn hoofd heeft. Hij overhandigt ons twee vippassen, die ook toegang geven tot de afterparty. Dan loopt hij met ons mee naar de vipruimte en stelt ons voor aan David, die zowel de manager als een goede vriend en co-songwriter van George Michael is. Blijkbaar heeft Fadi hem al iets over ons verteld, want hij reageert verheugd als hij ons de hand schudt. Hij weet dat we uit Nederland komen en haalt liefdevolle herinneringen op uit de tijd dat hij in ons land verbleef. 'Ik had er ook een vriendin. Wilma heette ze. Wilma was geweldig.'

Na David worden we voorgesteld aan vrienden van Jochem. Een van hen is een Zweedse kunstenaar, die met een bekende Britse hartspecialist gaat, die als twee druppels water lijkt op Daniel Craig en daar regelmatig voor wordt aangezien. De Zweedse kunstenaar zal in 2017 met Ricky Martin trouwen en met hem een gezin stichten, maar dat is een ander verhaal. Olivia noemt de hartspecialist de rest van de avond Double o Seven, wat hij niet erg lijkt te vinden. Dan begint eindelijk het concert.

Tijdens de show bevinden we ons links van het podium, boven de rolstoelsectie. In de zaal zijn alleen zitplaatsen, geen staanplaatsen.

'Wat een hoop oude mensen,' zegt Olivia. Ik kan het niet ontkennen, het publiek van George is overwegend middelbaar. En Olivia en ik zijn geen zussen, zoals de paspoortcontroleur flirtend had opgemerkt, er gaapt een generatiekloof tussen ons, zoals tussen elke moeder en dochter. George Michael is niet haar jeugdidool, maar een man op leeftijd met een donkere bril in een paars pak.

Het eerste deel van het concert bestaat vooral uit langzame nummers. Ik snak naar hits. Daarvoor ben ik uit Amsterdam gevlogen. Olivia dommelt op haar stoel in slaap. Mijn opwinding zakt een beetje weg.

Maar na de pauze lijkt George ineens tien jaar jonger. Hij heeft meer energie en trekt de zaal met zich mee. Iedereen komt uit zijn stoel, behalve Olivia en de sectie onder ons. Fadi verschijnt en komt bij me staan. Hij is al iets meer ontspannen, we hervinden de lol van het Armanifeest en dansen met elkaar alsof we nooit anders hebben gedaan.

Als het concert is afgelopen drinken we op de afterparty wat met onze nieuwe vrienden. De hartchirurg vertelt over het grote leeftijdsverschil tussen hem en zijn partner, dat hij weleens confronterend vindt. 'Ik voel me nog jong. Laatst behandelde ik een patiënt die ik al heel oud en krakkemikkig vond en in zijn dossier zag ik dat hij jonger was dan ik.'

Ik knik begrijpend, niet wetende dat ik een jaar later gescheiden zal zijn en ook een partner zal vinden die 21 jaar jonger is.

Fadi, die de hele avond heen en weer rent, voegt zich bij ons en neemt Olivia en mij even apart. Hij geeft ons twee kleine plastic visjes die we op onze vippas moeten plakken. 'Een hostess zal jullie straks meenemen naar de echte afterparty,' fluistert hij. Hij maakt duidelijk dat we zo nonchalant mogelijk afscheid moeten nemen van onze nieuwe BFF's. Zij hebben geen toegang tot dit geheime, exclusieve feest. Samen met een gemantelpakte hostess en een paar beveiligers neemt Fadi ons mee. Het cordon begeleidt ons door een lange gang, onderweg openen de beveiligers verschillende deuren met een pasje.

Uiteindelijk belanden we via de laatste deur op een ander feest. Een feest waar niet alleen drank, maar ook fish and chips wordt geserveerd. Een feest waar de crew en de leden van het Symphonica Orkest gezellig met elkaar keuvelen. Ook George Michael staat ertussen, met een bord in zijn hand.

Fadi geeft ons wat te drinken en verdwijnt dan weer. Olivia en ik raken aan de praat met Glenn, een haarstylist. Hij is dronken en babbelt er lustig op los. Als hij het over Fadi heeft, noemt hij hem consequent 'zij' en 'haar', wat in het begin van ons gesprek voor enige verwarring zorgt. Glenn vertelt dat Fadi eigenlijk gewoon een kapper is, net als hij. Dat 'zij' de vaste haarstylist was van mezzosopraan Katherine Jenkins. Maar dat ze haar borstel en föhn aan de wilgen heeft gehangen sinds ze verkering heeft met George.

'Weet je, ik heb thuis een man zitten, maar die is saai,' biecht hij op. 'Ik ben toe aan iets nieuws. Ken je dat? Ik was liever met George getrouwd, maar ja, zíj was me voor…' Hij wijst verongelijkt naar Fadi die zich met een professionele glimlach door de gasten baant.

'Ik moet even naar het toilet,' zeg ik tegen Olivia. Dat blijkt makkelijker gezegd dan gedaan, want na enig dwalen vind ik weliswaar de toegang tot maar liefst twee toiletten, maar daar staat een beveiliger voor.

'Sorry mevrouw, ik mag u niet binnenlaten.'

'Maar ik moet heel nodig.'

'Dit is het toilet van George. U kunt het verderop proberen.'

Ik verdwaal altijd in gebouwen en ben bang dat als ik nog verder het gebouw in loop, ik het feest nooit meer zal terugvinden. Gelukkig zie ik David lopen, de manager van George.

'Weet jij waar het dichtsbijzijnde toilet is?' vraag ik hem.

Hij wijst naar waar ik net vandaan kom.

'Die is alleen voor George. Daar mag ik niet in.'

'Wat een nonsens,' zegt David. Hij beent naar de beveiliger. 'Hallo, dit is Heleen. Zij is een schrijver en onze gast. Ze mag naar binnen.'

Ik word doorgelaten, mits ik het linkertoilet gebruik. De rechter is echt alleen voor George, wordt me op het hart gedrukt. Natuurlijk neem ik er even een kijkje. Het is het invalidentoilet, groot en ruim, er staan bloemen en er brandt een kaars. Dat van die kaars weet ik niet meer honderd procent zeker, maar het had makkelijk gekund.

Als ik weer terug ben maken Olivia en ik een rondje door de zaal. Ik durf George niet aan te spreken. We komen Fadi tegen. Hij grijnst. 'Hebben jullie het naar je zin? Ik ken hier bijna niemand. Alleen jullie!'

Je kent ons ook nauwelijks, wil ik zeggen, maar ik doe het niet. Het verbond dat hij op dat moment met ons sluit is te mooi om te marginaliseren.

'Trouwens,' zegt hij dan. 'Heb je George al een hand gegeven?'

Ik schud van nee.

Hij trekt ons mee naar George die de legendarische woorden uitspreekt waarmee dit verhaal begon. Nadat we hebben vastgesteld dat ik 'die vrouw' ben en dat Fadi naast me zat tijdens het concert, vertelt hij dat hij het heerlijk vindt om met een symfonieorkest op te treden. Het geeft hem de kans om andere genres aan te boren, andere muziek te laten horen. In de toekomst wil hij dat veel vaker doen.

'Ik begrijp het,' zeg ik meevoelend. Maar stiekem denk ik er het mijne van. Het is de eeuwige strijd tussen de fan en de succesvolle artiest: de fan wil dat de artiest de nummers speelt die ervoor hebben gezorgd dat hij fan werd. De artiest wil laten horen dat hij zoveel meer in huis heeft dan alleen dat. Ik had die avond liever al zijn grote hits willen horen, gewoon allemaal, omdat hij nu eenmaal George Michael is en omdat dit de eerste en misschien wel de laatste keer is dat ik een optreden van hem zal bijwonen. Wat ik op dat moment niet kan weten en George ook niet, is dat de show die hij afgelopen avond heeft gegeven, de een-na-laatste show van zijn leven is. Over drie dagen, op 17 oktober, treedt hij nog één keer op met het Symphonica Orkest, de tweede optie die Fadi ons gaf. Daarna zal George Michael niet meer op het podium staan, ons niet meer verrassen met andere muziek.

Na mijn gesprek met George neem ik Olivia apart.

'Olivia, ik heb een probleem,' zeg ik. 'Ik wil eigenlijk met George op de foto, maar ik vind het stom om het te vragen. Iets houdt me tegen. Wat vind jij?'

'Niet doen, mam. Niemand hier doet het. En bovendien: voor wie ben je hier vanavond gekomen, voor Fadi of voor George?'

Daar hoef ik niet lang over na te denken. 'Fadi, natuurlijk.'

'Precies. Je bent een vriendschap met Fadi aan het opbouwen.

Het is niet leuk voor hem als hij denkt dat het je eigenlijk alleen om George gaat. Dat maakt hij al vaak genoeg mee.'

Ze heeft gelijk, zoals (bijna) altijd.

Later die avond dwalen Olivia, Fadi, George, zijn gevolg en ik door een totaal verlaten Earls Court op zoek naar de uitgang. Ik fluister tegen Fadi dat ik bijna op het toilet van George heb geplast.

'Het verbaast me dat hij op zijn leeftijd al een invalidetoilet nodig heeft,' zeg ik plagerig.

Hij begrijpt niet dat ik een grapje maak.

'Natuurlijk heeft hij dat niet nodig,' zegt hij gepikeerd. 'Het is het grootste toilet in deze venue.'

Ik zie hoe onderdanig Fadi zich gedraagt als hij bij George in de buurt is. Voortdurend maakt hij hem complimentjes – '*O George, you are a-ma-zing*!' – en doet zijn best het zijn vriend naar de zin te maken. George de onbetwiste superster, Fadi de satelliet die om hem heen draait. Bewonderend, verwonderend, loyaal, bij vlagen overweldigd door wat hem allemaal overkomt.

De partner van George zijn, betekent dat je in een universum belandt waarin niets om jou draait, maar alles om hem. Je kunt weinig anders doen dan je schikken naar zijn wensen, naar zijn manier van leven en dat is wat Fadi doet. George' koninkrijk was al gevestigd voordat Fadi ten tonele verscheen en zijn aanwezigheid vormt hooguit een rimpeltje in de hofvijver.

15 oktober 2012, Kings Road, London

Olivia en ik zijn aan het winkelen, er is nog wat tijd voor onze vlucht vertrekt. We zijn al uitgecheckt uit het hotel, hebben alleen handbagage bij ons. Ergens halverwege Kings Road besef ik dat onze paspoorten en cash geld nog in de hotelkluis liggen.

'We moeten snel terug naar het hotel, anders missen we onze vlucht,' zeg ik.

Dan belt Fadi om te vragen hoe het met ons gaat. Ik vertel hem over mijn stommiteit.

'Waar zijn jullie je?' vraagt hij.

'Kings Road.' Ik noem de naam van de lunchroom.

'Blijf waar je bent, ik kom eraan.'

Niet veel later stuurt hij een bericht dat we naar een bepaalde hoek moeten lopen waar hij staat geparkeerd. Hij zit in een grote, zwarte Range Rover en draagt een Adidas-trainingsbroek en een T-shirt. We stappen in de auto. Hij overhandigt me een plastic zakje met daarin de complete inhoud van de kluis.

'Volgende keer iets beter opletten,' zegt hij met een grijns.

'Sorry,' zeg ik.

'Geeft niet. Vliegen jullie vanaf Heathrow? Dan geef ik je wel een lift.'

'Dat hoeft niet, we nemen wel een taxi.'

'Ik sta erop. We zijn nu vrienden.'

Op Heathrow drinken we koffie. Voor het eerst hebben we de gelegenheid om rustig te praten. Fadi is van oorsprong Libanees, 36 jaar en de jongste uit een gezin van dertien kinderen. Hij heeft een fijne jeugd gehad.

'Mijn moeder gaf me alles wat ik wilde,' vertelt hij. 'Daardoor ben ik wel een beetje lui geworden. Tot nu toe is het leven goed voor me geweest. Ik heb altijd gedacht dat ik zoveel liefde heb gehad dat ik daar op een dag de prijs voor zou moeten betalen.'

Fadi heeft nog twee broers die ook op mannen vallen. Hij is ex-moslim. Ook is hij kleurenblind en dyslectisch.

Ik biecht hem wat dingen op over mijn liefdesleven, mijn huwelijk dat op zijn laatste benen loopt. Hij luistert zonder te oordelen.

'Blijven we vrienden?' vraag ik hem.

'Natuurlijk,' zegt hij.

II
George en Fadi

23 juni 2013

In juni bezoekt Fadi Nederland. Het is fijn hem weer te zien, maar hij oogt minder sprankelend en blij dan in Londen.

'Bart moet vanavond optreden op een zomerfeest in Bloemendaal aan Zee. Wil je mee?' vraag ik.

Hij knikt wat flauwtjes.

Die avond rijden we met zijn drietjes naar Bloemendaal, Bart, Fadi en ik. Onderweg vraag ik of alles goed met hem gaat. En met George.

'Heb je gehoord over het ongeluk?' vraagt Fadi.

'Ja.'

Het was een wonderlijk bericht. George Michael had een ongeluk gehad op de snelweg. Hij was uit een auto gevallen en had daarbij een hoofdwond opgelopen.

'Ik weet niet wat ik ervan moet geloven,' zegt Fadi. Hij klinkt getergd. 'Hij was gevállen? Hoe val je uit een auto? Het is niet alsof de deur opeens openwaait en je eruit valt. Hij moet de deur zelf hebben opengemaakt, dat kan niet anders. Maar waarom? Waarom zou je zoiets doen?'

'Ik weet het niet,' antwoord ik.

'Soms snap ik niets van hem,' zegt hij. 'Helemaal niets.'

Fadi zegt nooit veel over zijn persoonlijke leven met George. En ik wil er ook niet te veel naar vragen. Het voelt ongemakkelijk, omdat hij niet zomaar verkering heeft maar een vriend op wie alle ogen van de wereld altijd zijn gericht. Als hij uit een auto valt, is dat nieuws. Als hij gay blijkt te zijn, is dat nieuws. Als hij seks heeft in een openbaar toilet met een undercover agent is dat nieuws. Als hij een hevige longontsteking heeft, en daaraan bijna overlijdt, is dat nieuws.

Op het feest schudt Fadi de somberheid van zich af. We dansen. We hebben plezier. Totdat hij het mooi geweest vindt. Hij dankt ons voor de gezelligheid, regelt een taxi en rijdt terug naar Amsterdam.

In de jaren die volgen, houden we contact, al is het minder dan in het begin. Soms bellen we. Ik herinner me een gesprek rond Kerstmis, ik weet niet meer welk jaar.

'Met kerst is het hier altijd een gekkenhuis,' fluistert Fadi met zijn zachte, lichte stem. 'Er staan overal kerstbomen. Echt overal. Het zijn er een stuk of zes. En vanavond komen er mensen eten die ik niet ken. Ze hebben meegedaan aan een liefdadigheidsevenement waar een diner met George Michael werd verloot. Daar hebben ze heel veel geld voor betaald. Kun je je dat voorstellen? Dat mensen duizenden euro's betalen om met hem te dineren? En George is zo lief, hij doet dat dan ook. Zo genereus.'

Fadi heeft een nieuwe bezigheid opgepakt: fotografie. George helpt en steunt hem erbij. Hij maakt zelfportretten, maar fotografeert ook zwervers en landschappen.

'Ik neem mijn camera overal mee naartoe,' schrijft Fadi op zijn website. 'Ik loop vaak op straat op zoek naar inspiratie. Als ik een interessant gezicht zie of een persoon met een verhaal, maak ik een foto. Ik vraag ze niet wat hun verhaal is, ik neem gewoon hun foto en ga door. Mijn afbeeldingen vertegenwoordigen het leven zelf, in plaats van de individuele mensen die worden afgebeeld.'

26 december 2016

> *It is with great sadness that we can confirm our beloved son, brother and friend George passed away peacefully at home over the Christmas period.*

Het nieuws over het overlijden van George Michael op de valreep van 2016 wordt met verbijstering ontvangen. Op Twitter is George Michael al snel trending. Het wordt de vloek van 2016 genoemd, het jaar is waarin vele groten der aarde overlijden: David Bowie, Prince, Leonard Cohen, Johan Cruijff, Muhammad Ali, Eagles-oprichter Glenn Frey, Toots Thielemans en niet te vergeten Mieke Telkamp gaan George Michael voor.

Ik weet niet meer waar ik was toen ik het nieuws over de dood van George Michael hoorde. Ik weet wel dat ik schrok, zeker toen duidelijk werd dat Fadi hem had gevonden. Op die bewuste avond tweet hij even na half zeven: 'Dit is een kerst die ik nooit zal vergeten. Om je overleden partner 's ochtends vroeg vredig in bed te vinden. Ik zal nooit ophouden je te missen. xx'

1 januari 2017

De Britse krant *The Mirror* brengt het nieuws dat Fadi in zijn auto lag te slapen toen George Michael overleed. Volgens de krant beweerde hij eerst dat hij het weekeinde in zijn huis bij Regent's Park had doorgebracht, maar zei hij later: 'Ik heb hem niet gezien. Ik ben in slaap gevallen in mijn auto en heb hem die nacht niet gezien. De politie weet alles. Dat is het belangrijkste.' De fans van George Michael reageren vol woede en ongeloof. 'Hoe gaat het met je?' vraag ik die avond in een app. 'Houd je het een beetje vol?'

'Dank je,' antwoordt hij, met xxx-jes. En: 'Zo zo.'

10 februari 2017

The Sun openbaart een gelekte opname van het vier minuten en twintig seconden durende gesprek dat Fadi voerde met een medewerkster van het Engelse alarmnummer 999 nadat hij George had gevonden. Clickbait. En ik hap.

Medewerkster: 'Is de patiënt bij bewustzijn en ademt hij?'

Fadi: 'Nee, het is George Michael. Ik denk dat hij dood is. Hij ligt in bed.'

'U denkt dat hij dood is?'

'Ja, ja, ja. Hij ademt niet.'

Ze vraagt naar de postcode, die Fadi niet één-twee-drie bij de hand heeft.

Na enig zoeken lukt het hem de code en het adres door te geven.

'En hoe oud is hij?'

'53.'

'Waar hij is hij nu? Kun je hem op zijn rug leggen?'

'Hij is in bed. Dood.'

'Is hij koud?'

'Hij is koud en hij is blauw.'

'Hij is blauw. Oké, en is hij stijf?'

'Ja. Hij is erg stijf.'

'Oké. Ik moet dit even checken: denkt u dat hij niet meer te helpen is?'

'Hij is dood!'

'Dus u denkt dat reanimatie geen effect zou hebben?'

Fadi vraagt of er een ambulance komt.

'Ja, er is al iemand onderweg. Maar ik moet checken of u denkt dat hij niet meer te helpen is.'

'Onmogelijk. Ik heb hem het afgelopen uur geprobeerd te wekken. Hij is weg. Hij is blauw. Hij is koud.'

'Oké. Was het een te verwachten dood?'

'Nee, nee, nee, nee, nee. Ik was al uren aan het wachten tot hij wakker werd. En hij werd maar niet wakker. Toen ging ik hem wakker maken. Maar hij was al weg, weet je. Hij is er niet meer.'

'Hij is al stijf, toch?'

'Ja, hij is blauw, stijf en koud. Er komt iemand, toch?'

'Ja, er is iemand onderweg.'

Ze vraagt opnieuw of Michael niet te reanimeren is en Fadi zegt: 'Hoe moet ik dat nu weten, ze mogen doen wat ze willen als ze komen.' Zij herhaalt dan dat hij inderdaad al heeft verteld dat hij koud, blauw en stijf is. Hij bevestigt dat opnieuw. Ze zegt dat hij de lijn vrij moet houden als het gesprek straks beëindigd is, omdat hij misschien wordt teruggebeld.

'Hoe heet hij?'

'Het is George Michael, je weet wel, de zanger.'

'Wat is zijn geboortedatum?'

'Eh, ik weet het niet. Ik kan niet nadenken nu. 25 juli?'

'En het jaar?'

'Zestig nogwat. Kan ik nu ophangen?'

'Blijf nog even aan de lijn. Het lichaam niet aanraken of verplaatsen tot het overlijden is bevestigd. Blijf daar tot ze arriveren.'

'Oké. Oké.'

'We zullen de details doorgeven aan de mensen die dit moeten weten.'

'Oké, heel hartelijk bedankt.'

'Oké. Hou je goed.'

'Bedankt.'

'Bedankt, dag.'

'Dag.'

Het nieuws gaat de hele wereld over. Opmerkelijk feit: *The Daily Mail* meldt dat Fadi George een uur lang heeft geprobeerd te reanimeren. Ik heb de audio-opname minstens tien keer beluisterd, maar hoor hem dat niet zeggen. Wel dat hij heeft geprobeerd hem wakker te maken. En later, als ik Fadi zelf spreek, zegt hij niet dat hij heeft geprobeerd hem te reanimeren. En precies dit detail wekt woede en argwaan op. Fans speculeren openlijk dat Fadi iets met de dood van George te maken heeft gehad.

7 maart 2017

> George Michael is gestorven aan een hart- en leveraandoening, zo heeft een lijkschouwer bevestigd. Volgens senior lijkschouwer Darren Salter van Oxfordshire leed de popster aan 'gedilateerde cardiomyopathie met myocarditis en leververvetting'. Omdat dit een natuurlijke doodsoorzaak is, is er geen reden voor een nader onderzoek. De politie van Thames Valley had aanvankelijk laten weten dat het overlijden weliswaar onverdacht was, maar ook onverklaarbaar. De eerste lijkschouwing had geen duidelijkheid verschaft.
> Bron: BBC News.

Op de dag dat dit nieuws naar buiten komt, plaatst Fadi op Twitter een zwart-witfoto van George Michael en hemzelf, beiden lachend, George met zijn arm om hem heen. Het bijschrift luidt: '*The truth is out*'. Er volgen zowel positieve als zeer negatieve reacties. Sinds Fadi heeft verklaard dat hij in zijn auto lag te slapen in de nacht dat George overleed, ligt hij onder vuur. Fans zeggen dat hij George had kunnen en moeten redden. Sommigen beschuldigen hem ervan dat hij achter de dood van George zit. Ook het uitgelekte gesprek met de hulpdienst heeft kwaad bloed gezet. Fans vinden dat Fadi verdacht kalm klinkt. Ook vinden ze het gek dat hij niet de juiste geboortedatum van George weet.

Wat ook niet helpt, zijn de tweets vanaf het account van Fadi waarin staat dat George suïcidaal was en zelfmoord wilde plegen. Tweets die later weer worden verwijderd, omdat zijn account volgens Fadi was gehackt. Maar voordat ze verwijderd konden worden zijn ze al overgenomen door de pers: '*Shocking claims about George Michael's death posted on boyfriend Fadi Fawaz's Twitter.*'

Als klap op de vuurpijl duikt een voormalige jeugdvriend van George op, Andros Georgiou, die zich zijn neef noemt, hoewel ze geen familie zijn. In 2012 heeft Andros een boek over George Michael gepubliceerd, lang nadat ze van elkaar vervreemd geraakt waren. Hij en zijn vrouw Jackie hebben zich al vaker laten interviewen over de superster, ze wijden ongegeneerd uit over zijn vermeende crackgebruik, hoewel ze hem al bijna twintig jaar niet hebben gezien, iets dat zowel door George als zijn woordvoerders wordt benadrukt.

Zodra George is overleden laat Andros weer van zich horen. En alles wat hij beweert, wordt breed uitgemeten in de Engelse pers. Ook de BBC laat hem aan het woord. Fadi reageert furieus via Twitter. De tweets zelf worden weer nieuws. Het moddergooien begint steeds groteskere vormen aan te nemen. Wanneer Andros beweert dat Fadi niet welkom is op de uitvaart en dat de familie van George Michael Fadi haat, brengt *The Sun* dit als groot nieuws.

Fadi tweet wanhopig: 'Voor alle duidelijkheid: IK BEN NIET GEWEERD VAN DE BEGRAFENIS. Niets daarvan is waar. HET IS NIET WAAR, NIET WAAR, NIET WAAR, NIET WAAR.'

9 maart 2017

De Nederlandse krant *Trouw* probeert enige helderheid te scheppen in het verhaal:

ZELFS EEN STILLE BEGRAFENIS IS GEORGE MICHAEL NIET GEGUND

Fadi Fawaz voelt zich geweldig. Opgelucht. Dat klinkt misschien een beetje vreemd uit de mond van de geliefde van George Michael, maar als je bedenkt wat er allemaal is gebeurd sinds hij de zanger op eerste kerstdag dood aantrof in bed, is het wel begrijpelijk.

George kan eindelijk, na ruim twee maanden onderzoek, begraven worden. En Fadi hoopt dat er een einde zal komen aan alle geruchten en verdachtmakingen nu de doodsoorzaak definitief is vastgesteld: een ontstoken hartspier en een vervette lever, zeer waarschijnlijk het gevolg van drugs- en alcoholgebruik.

Dus geen overdosis of zelfmoord, zoals berichten op Fadi's twitteraccount suggereerden. De celebrity-kapper hield bij hoog en bij laag vol dat zijn account was gehackt en dat hij die berichten niet zelf had geplaatst. Maar dat geloofde niet iedereen. Er werd beweerd dat hij al maanden geen relatie meer had met George. De politie heeft hem twee keer verhoord.

'George heeft nu eindelijk rust en ik kan rouwen. Daar ben ik nog niet aan toegekomen,' zei Fadi dinsdag.

George wordt waarschijnlijk begraven op de Highgate Cemetery in Londen, naast zijn moeder. Wanneer? Dat vertelt de familie natuurlijk niet.

7 mei 2017, Londen

Samen met mijn vriend Bart ben ik op bezoek bij dochter Olivia, die een aantal maanden in Londen werkt. 's Middags heb contact met Fadi via zijn nieuwe mobiele nummer.

Hij spreekt een WhatsAppbericht in, waarin hij met een vermoeide stem laat weten dat hij net wakker is omdat hij pijn had in zijn schouder en slecht heeft geslapen. Hij wil weten waar we zijn. Ik stuur onze lunchlocatie terug. Hij vraagt of ik na de lunch wil langskomen. Het plan was dat Bart, Olivia en ik naar Harrods zouden gaan. Wil hij zich bij ons voegen? Fadi ziet het niet zitten, hij heeft te veel pijn en vindt het daar te druk.

Olivia en Bart kijken me ongeduldig aan. 'Ga je nou met ons mee of hoe zit het?'

'Winkelen kan ik altijd nog,' zeg ik. 'Ik moet naar Fadi toe.'

Hij stuurt me zijn adres en ik bestel een Uber. De chauffeur brengt me naar een woning bij Regent's Park. Het is een nette straat met huizen waarvoor je al snel een paar miljoen pond moet neerleggen.

Fadi laat me binnen. Hij draagt een zonnebril en ziet er ietwat verkreukeld uit. Hij lijkt blij mij te zien. We omhelzen elkaar. Het is vrij donker in de woning.

'Toen ik wist dat je kwam, ben ik als een malle gaan schoonmaken en opruimen,' zegt hij. 'Ik heb niet veel in huis, sorry.'

Hij biedt me een flesje water aan.

'Hoe is het met je?' vraag ik.

We gaan tegenover elkaar zitten in de woonkamer. Hij op de bank, ik op een chaise longue.

'*It's crazy*,' zegt hij. Deze woorden zal hij nog vaak herhalen. 'Er is zoveel gebeurd. Te veel om te vertellen.'

Ik knik.

'Ik weet ook niet wat ik moet doen. Ik ben aan het wachten.'

Het testament van George is op dat moment nog niet openbaar.

'Waar jij nu zit,' zegt hij dan, 'daar zat George nog niet zo heel lang geleden. De laatste keer dat hij in dit huis was, zat hij op jouw plek. Hij dronk water. Hij keek rond en zei dat ik het eigenlijk prima voor elkaar had in dit huis.'

Het menselijk geheugen is iets vreemds. Ruim een jaar later, op 9 juni 2018, zal Fadi op Twitter een foto plaatsen van een aangebroken flesje Evian-water met de dop ernaast op een schoorsteenmantel, dat volgens hem het flesje was waar George uit dronk, de laatste keer dat hij bij hem was.

'*Darling can you believe that bottle of water you drunk from and placed it where it is now just few days before you passed away when you came to my place in Regent's Park and spent the night here still untouched and still exactly how you put it.*'

Hij bericht wordt door andere Twitteraars meteen gecorrigeerd: de woning is van George en niet van hem; het water zou allang niet meer zo helder kunnen zijn als het er zolang staat. Of het zou verdampt moeten zijn. Fadi hapt. Het is wél zijn huis. Hij liegt niet. 'Corrigeer me niet en bemoei je met je eigen zaken.'

Ik weet nu ik dit schrijf niet meer zeker of hij me dat flesje toen ook aanwees. Ik weet nog wél zeker dat hij zei dat George had gezeten waar ik zat. Zet me het mes op de keel en ik denk dat hij me die dag in mei 2017 dat flesje ook aanwees, dat het er toen ook stond. En dat ik het beeld in zijn twitterbericht een jaar later herkende. Maar het kan ook zijn dat mijn hoofd de herinnering heeft gemaakt toen ik de foto van het flesje op de schoorsteenmantel zag en ik het flesje meende te herkennen.

'Ik lees zoveel verhalen over je,' zeg ik.

Fadi haalt zijn schouders op.

'Ik weet niet meer wie ik ben. Ben ik beroemd? Moet ik

beroemd worden? Moet ik een agent nemen? Moet ik interviews geven?'

'Je moet natuurlijk helemaal niets,' zeg ik. 'Maar je tweets zijn niet altijd even slim.'

Zijn grijns wordt breder.

'Ik zou je iets meer inhouden, als ik jou was,' raad ik hem aan.

'Ik mag toch zeggen wat ik wil.'

'Het wordt niet altijd begrepen.'

Hij vertelt over de interviewaanvragen die hij krijgt. Bedragen die hem geboden worden. Hij gaat er niet op in.

'Als je ooit je verhaal wilt doen, doe het dan bij mij,' zeg ik. 'Ik kan schrijven. En je kunt me vertrouwen.'

'Ja, daar heb ik al aan gedacht,' zegt hij. 'Misschien moeten we dat doen. Een document over alles wat ik heb meegemaakt met George. Over onze liefde.'

Dan vertelt hij me het verhaal over het weekeinde dat hij George vond. Ik luister ademloos toe. Het is gek om er al zoveel over gelezen te hebben en het dan nu uit de eerste hand te horen.

Wanneer het tijd is om afscheid nemen, leidt hij me via de patio naar buiten.

Op straat hangen een paar journalisten rond. Fadi houdt zich schuil achter de poort terwijl hij me uitgeleide doet.

Als ik naar mijn Uber loop, word ik aangesproken.

'Heleen,' vraagt een van de paparazzi. 'Ben je een vriendin van Fadi? Hoe gaat het met hem?'

Even ben ik verbaasd dat hij mijn naam weet, maar dan begrijp ik dat hij die aan de Uber-chauffeur moet hebben ontfutseld.

'Geen commentaar,' zeg ik.

8 mei 2017

De dag na mijn bezoek stuurt Fadi me een voicemailbericht. Het was heel fijn om me te zien en met me te praten. Hij hoopt dat ik een goede terugvlucht heb gehad en zegt het hem spijt dat hij niet naar Bart heeft gevraagd. 'Ik wilde niet onbeleefd zijn, maar nou ja, je weet, we hadden geen tijd om alles te bespreken. Doe hem liefs. En we houden contact. Dikke kus.'

Ik antwoord hem een dag later dat het totaal niet erg is dat we het niet over mijn vriend hebben gehad. We zijn alweer vier jaar samen zijn en het gaat goed. Ik zeg dat het heerlijk was om hem te zien en dat ik het ook jammer vond dat we niet meer tijd hadden, omdat hij zoveel te vertellen heeft. Ik heb nagedacht over alles wat hij heeft gezegd, over zichzelf en over George, en ik zou dat kunnen uitwerken en het hem opsturen, zodat hij een idee krijgt hoe zoiets eruit zou zien. Het zou een hoofdstuk uit een boek kunnen zijn.

Lange tijd hoor ik niets, maar op 27 mei spreekt Fadi weer een boodschap bij me in. Hij verontschuldigt zich dat hij niets heeft laten horen. Het gaat op en neer met hem. Hij hoopt dat het goed met me gaat en hij zou het niet erg zou vinden als ik zou uitwerken wat hij me heeft verteld. Hij wil het lezen om te kijken hoe dat voelt.

Fadi's verhaal

'Het was bijna kerst en we hadden nog geen plannen. Ik werd een beetje zenuwachtig. De kerstperiode was altijd heel belangrijk voor George. En nu, het was vrijdag 23 december, tenminste, dat dacht ik, bijna kerst, wist ik nog steeds niet wat George wilde. Ik besloot om naar zijn huis in Oxfordshire te gaan en het te vragen. Ik wilde dat hij me op mijn best zou zien, dus ik heb gedoucht, me geschoren en een fris shirt aangetrokken.

Hoewel ik dacht dat het vrijdag was, was het zaterdag 24 december toen ik naar zijn huis reed, het hek opende, het terrein opreed en mijn auto parkeerde. Op dat moment gebeurde er iets vreemds. Het zou het begin zijn van een reeks merkwaardige gebeurtenissen. Na het parkeren van de auto voelde ik me extreem moe, zelfs het ongemak van de autostoel kon me er niet van weerhouden in slaap te vallen. Terwijl ik mijn hoofd liet rusten, hoorde ik een stem die zei: “Val niet in slaap, Fadi. Wat je ook doet, val niet in slaap.” Het was de grootste fout van mijn leven om niet te luisteren. Maar het was te laat, ik was al aan het dommelen. George had waarschijnlijk mijn auto gehoord, dacht ik, hij wist dat ik daar was, misschien keek hij door het raam. Het was oké, ik was daar, hij wist het, ik kon slapen.

Uren later werd ik wakker en stapte uit mijn auto. Het was stil in huis. Toen ik naar de trap liep en naar boven keek, zag ik dat de deur naar de slaapkamer van George gesloten was. Dit betekende: ga niet naar binnen. Als George zijn deur sluit, heeft niemand toegang. Het is een ongeschreven regel. Ik liep zijn studeerkamer binnen. Zijn mobiel lag op het bureau, met een half opgegeten chocoladereep ernaast. Vreemd. Geen geluid uit de slaapkamer van George, hij was waarschijnlijk nog aan het rusten. Ik besloot hem niet te storen.

Later op de dag ging ik koffie halen en een broodje. Toen ik de straat overstak, verscheen er een fotograaf die mijn foto nam. Achteraf verbaast dit me. Waarom was de fotograaf buiten? Wat wist hij? Niemand wist op dat moment iets. Ik wist niets. Misschien ben ik paranoïde, maar ik kan niet stoppen om over dat soort dingen na te denken. Toen ik met mijn broodje aan het wandelen was, dacht ik nog steeds dat het de volgende dag zaterdag zou zijn. Maar dit was niet het geval. Op de een of andere manier heb ik de dagen door elkaar gehaald. Het zou de volgende dag zondag 25 december zijn, ofwel Kerstmis.

De volgende ochtend was het in huis nog steeds extreem stil. Tot dan toe had ik George nog steeds niet durven storen, maar nu begon het raar te worden. Ik besloot de regel van George te negeren, ging naar zijn slaapkamer en liep naar binnen. George lag in bed, in zijn pyjama, een ventilator naast hem blies zachtjes de kamer in. Ademde hij? Ja, hij ademde, zei ik tegen mezelf. Natuurlijk was hij stil, hij sliep. Ik verliet de kamer en een paar minuten later betrad ik hem opnieuw om er zeker van te zijn. Ik staarde hem een minuut lang aan. Ademde hij? Ja, hij ademde.

Er is één ding dat je moet weten. Ik ben altijd bang geweest dat George zelfmoord zou plegen. Om eerlijk te zijn: ik denk dat hij tijdens onze relatie verschillende pogingen heeft gedaan, wat me nog banger maakte. Omdat dit zwaard boven ons hing, heb ik hem meer dan eens gezegd: als je het doet, laat me je dan alsjeblieft niet vinden. Ik wil niet degene zijn die je vindt. Dit is geen typisch gesprek dat je zou hebben met je geliefde, maar we hebben het erover gehad. Hij wist dat ik er kapot van zou zijn als hij zou handelen naar zijn wens om zijn leven te beëindigen. Hij wist dat ik het niet aankon, vooral niet als ik het zou ontdekken. George vertelde me in het begin van onze relatie dat ik mijn vrienden en familie zou verliezen vanwege onze liefde. Hij heeft me nooit verteld dat ik alles zou verliezen als hij zou sterven.

Ik verliet zijn kamer en hield de deur op een kier. Ik heb dit expres gedaan. Er konden twee dingen gebeuren: als hij het zou zien, zou hij geïrriteerd zijn, uit bed komen en naar beneden komen, of hij zou hem sluiten, dus dan wist ik dat hij wakker was geweest. Ik ging naar beneden. Ongeveer een uur later ging George's mobiel. Het was zijn zus. Ik nam op. Ze vroeg zich af hoe het met George was. Hij was niet komen opdagen tijdens de kerstlunch. Was hij oké? Pas toen besefte ik dat het al Kerstmis was.

"Hij is oké," zei ik tegen haar. "Ik heb hem zojuist gecontroleerd. Hij ademt." Toen ik mezelf dit hardop hoorde zeggen, realiseerde ik me dat het niet goed was. Er was iets mis. "Ik zal het nog een keer controleren," beloofde ik. De deur naar George' slaapkamer stond nog half open. Er was zeker iets mis, maar op de een of andere manier was ik er nog niet klaar voor. Ik schonk mezelf een drankje in, ging naar buiten, ging bij de rivier zitten en zei tegen mezelf wat er nu zou gebeuren. "Je gaat weer naar binnen en je vindt hem dood. Dit is het. Je ergste angst gaat uitkomen." Ik ging weer naar binnen, terug naar George' slaapkamer. Ik liep naar zijn bed. Dit was de eerste keer dat ik hem die dag aanraakte. "George," zei ik, "word alsjeblieft wakker." Geen antwoord. "George!" Ik probeerde het opnieuw. En opnieuw. Ik huilde. Ik heb aan hem geschud. Hij deed zijn ogen niet open. Hij ademde niet. Alles om me heen begon te draaien. Wat er daarna gebeurde, is moeilijk te beschrijven. Ik zat daar en keek naar hem urenlang, minutenlang, ik weet het niet meer. Het leek alsof ik aan het hallucineren was. De sfeer in de kamer veranderde volledig. Hij vulde zich met sereniteit, dat is de enige manier waarop ik het kan omschrijven. George zag er vredig uit. Als George slaapt, heeft hij de kalmte over zich die verdwijnt zodra hij wakker wordt. Ik heb het vele malen gezien: zijn gezicht verandert onmiddellijk, alsof hij geagiteerd is en pijn heeft. Deze dag zag hij er zo rustig uit in zijn pyjama, terwijl zijn kleren naast het bed hingen, wachtend op hem, maar hij had ze niet nodig. Deze kerst zou de gebruikelijke somberheid op zijn gezicht niet verschijnen, hij was voorgoed verdwenen. Na een lange tijd drong het eindelijk tot me door dat ik iemand moest waarschuwen, dus belde ik David (Austin, HvR), een goede vriend en vroeg hem wat ik moest doen. David drong er bij mij op aan de politie in te lichten. Maar toen ik naast George zat, verloor ik op de een of andere manier de tijd weer uit het oog. Misschien omdat ik wist dat dit de laatste momenten waren die we samen alleen zouden doorbrengen. Mijn hoofd tolde langzaam, ik weet niet meer wat ik dacht, maar het draaide allemaal om George. David belde me terug, vroeg of ik de autoriteiten al had bereikt en zei dat het van cruciaal belang was dat ik dit zou doen, want ik was degene die hem had gevonden. Dus ik belde 999 en vertelde de dame aan de andere kant dat George Michael dood was. Dat telefoontje lekte een paar maanden later uit, ik heb er nooit naar durven luisteren. Ik herinner me alleen dat de telefoniste naar de postcode vroeg. Ik was in shock en ben dyslectisch, hoe zou ik deze combinatie van letters en cijfers op dit chaotische moment kunnen produceren? Het is het huis van George Michael, zei ik tegen haar. George Michael, de zanger, weet je wel. Is hij niet te helpen, vroeg ze. Ik zei: nee, hij is blauw. Hij ademt niet. Hij is dood. Ze vroeg of ik het zeker wist. Of hij stijf was. Ja, dat was hij. Blauw. Stijf. Haalde geen adem meer. Niet meer te redden. Kom alsjeblieft langs. Na een paar minuten hingen we op. Maar ze belde terug en bleef met me praten totdat de ambulance arriveerde. De agenten stormden binnen. Het huis was in een oogwenk vol. Ze bevestigden dat George dood was. Een van de agenten, een vrouw, onderzocht hem, draaide zich toen naar me toe en keek me aan alsof ik de meest walgelijke persoon was die ze ooit had gezien. "Je vriend is vierentwintig uur dood," snauwde ze. "En je hebt het niet eens opgemerkt?" Ze gaf me het gevoel dat ik zo klein was, zo waardeloos. Ik kon geen woord meer uitbrengen, verliet de kamer en kwam niet terug.'

15 juli 2017

Fadi reageert met een opgewekt voicemailbericht op de tekst.

'Goedemorgen, ik was op het platteland, ben gisteren teruggekomen. Ik heb het gelezen, ik vond het leuk. Sommige stukjes informatie zijn niet correct, maar het klonk heel goed. Maar ik zal het nog een keer lezen en dan zal ik je vertellen wat ik ervan denk. Maar het was echt fijn. Ik zal je nu iets sturen wat ik gisteren in een half uur heb geschreven. Voor jou klinkt het misschien als iets gekkigs, maar laat me weten wat je denkt. Hoe dan ook, ik zal jouw stuk nog een keer lezen en ik zal je mijn mening geven. Heel erg bedankt.'

Fadi stuurt me een gedicht dat hij later ook op zijn social media plaatst en natuurlijk wordt overgenomen door de kranten.

One Christmas day
Clouds are grey
Wind tears the air
One heart decides to fail
I find myself in hell
Now I feel ashamed
one Christmas day

I wait a day
Christmas light is there
trees have gone away
Bedroom door yet to change
Now I'm losing myself
One Christmas day
I hate that day

Music is played
Nothing is heard
Santa lost the way
Fireplace is grey
no-one is there
people everywhere
one xmas day

I go to bed to lay
I fell more ashamed
I try to hide my head
Pillow turns to red
I lost my way
One Christmas day
I miss that day

17 juli 2017

Fadi laat een voicemailbericht achter: 'Ik heb het nog een keer gelezen. Het is goed. Ik vind het heel leuk. Het is triest,' zegt hij. 'Echt triest. Een paar feitjes zijn niet correct, maar die kan ik corrigeren. Nu weet ik niet wat ik moet denken. We zullen zien. Maar stel je voor dat we hiermee doorgaan en ik het wil doen, dan kan ik je het politiestatement geven, daarin zit alle juiste informatie, maar ik vind het echt leuk. Dank je. We zullen zien.'

1 januari 2018

Ik wens Fadi hem een gelukkig nieuwjaar. Het blijft stil.

26 maart 2018

Ik lees een bericht van Fadi op zijn Twitteraccount: 'Op zoek naar een goede schrijver om me te helpen met mijn boek. Neem contact op, alsjeblieft.' Ik app hem een screenshot van het bericht en zet erbij: 'Dus ik ben niet goed genoeg?'

Hij antwoordt een minuut later. 'Ik wist dat ik van je zou horen :) Het is een grap. Ik had het jou eerst moeten vertellen. Lees mijn andere tweets. Ik ben de boel in de maling aan het nemen. Jij bent een geweldige schrijver. x'

'Lol, het is soms moeilijk om je tweets te begrijpen en te interpreteren,' zeg ik. 'Ben je oké?'

4 april 2018

Een voicemailbericht: 'Heleen, hoe is het met je? Sorry dat het enige tijd duurde voordat ik antwoordde. Ben je oké? Ik ben oké. Ik denk dat het tijd wordt om het boek te gaan schrijven en ik vraag me af of je me daar nog steeds mee wilt helpen. En indien ja, wat is dan de volgende stap? Laat het me weten.'

Zijn timing is niet best. De vader van Bart is een dag eerder overleden. 65 jaar. Ik laat het Fadi weten. Vertel dat het een gekke week is, omdat ik ook een deadline voor een boek heb. Ik kom erop terug, beloof ik hem.

'Het spijt me dit te horen. Wat verdrietig. Liefs voor Bart.'

Ik stuur hem een foto van het overlijdensbericht en vertel dat de uitvaart aanstaande zaterdag zal plaatsvinden. 'We hebben snel weer contact,' zeg ik.

'Ik hoop het,' antwoordt hij. '*Otherwise I have to say it to the press for free.*'

Dat klinkt enigszins dreigend en het ergert me.

'Je kunt natuurlijk doen wat je wilt,' antwoord ik. 'Je hebt geen verplichting aan mij. Maar op dit moment heb ik geen tijd, mijn nieuwe boek komt binnenkort uit.'

'Maar wel snel?' vraagt hij.

Tien minuten later zegt hij: 'Je hebt gelijk.'

Een minuut later: 'Ik heb het net gedaan.'

Ik antwoord met een vraagteken en wens hem succes.

'Dank je wel,' zegt hij.

6 april 2018

CARELESS DEBTOR?

George Michael's belongings 'being repossessed' after ex Fadi Fawaz 'fails to pay off £513' debt on his North London home The late star's lover, who's been living in the property since George's death, posted a photo of an enforcement notice.

The Sun publiceert een foto van het briefje dat de deurwaarder heeft achtergelaten bij Fadi's huis. Het briefje dat Fadi volgens de krant zelf online heeft gezet met de tekst: '*Darling they have come to take your furniture coz I couldn't effort the fine. But don't worry I didn't open the door for them.*'

In de maanden die volgen worden de tweets van Fadi steeds vreemder, krankzinniger. Zo klapt hij uit de school over George' GHB-gebruik, over zijn zelfmoordpogingen, dat hij hiv-positief zou zijn, maar ook dat hij zijn eigen muziek nooit schreef en andere mensen betaalde om die te componeren. Fadi blijft bij hoog en bij laag beweren dat zijn accounts zijn gehackt. Maar aan de andere kant verschijnen er zelfportretten op en soms foto's met teksten die toch echt van zijn hand lijken te komen, zoals het gedicht over Kerstmis dat hij mij ook heeft gestuurd.

Het lijkt alsof Fadi na het overlijden van George in het openbaar rouwt, alsof hij alle fases doorloopt en deze bedoeld of onbedoeld deelt: ongeloof, verdriet, depressie en boosheid, veel boosheid. De belangrijkste fase – aanvaarding – lijkt hij niet te bereiken. Hij worstelt met het feit dat hij geen anoniem individu is dat zijn partner verliest, maar ook – tegelijkertijd – de nabestaande is van een wereldster, een icoon, wiens overlijden miljoenen mensen over de hele wereld raakt. Een nabestaande, die door vele mensen met argusogen wordt bekeken en zelfs wordt gewantrouwd. George Michael is tijdens zijn leven gewend geraakt aan zijn sterrenstatus en het verlies van zijn privacy. Voor Fadi levert het een bijna onmenselijke hoeveelheid druk op om, uitgerekend in de tijd dat hij het het moeilijkst heeft, vol in de schijnwerpers te staan. Hij reageert door te vechten en niet te vluchten. Had hij het beter anders kunnen doen? Zeker. Maar had hij echt een keus?

13 juni 2018

Fadi meldt zich via een ander mobiel nummer op WhatsApp.

'Hi Heleen, hoop dat alles goed met je gaat. Laat me weten of je me nog wilt helpen om mijn boek te schrijven. Dit is Fadi.'

Ik reageer niet direct. Drie uur later stuurt hij een vraagteken.

De volgende dag antwoord ik: 'Hallo Fadi, het gaat goed met me, heel druk, want mijn nieuwe boek is net uitgekomen. Ik heb nagedacht over jouw boek en lees je tweets. Ik denk niet dat het een goed idee is om me hiermee bezig te houden. Te veel negativiteit. Het spijt me dat ik je hiermee niet kan helpen. Wil je heel graag zien en praten en een drankje doen. Laat me weten wanneer je in Nederland bent! Hou je goed, xxx Heleen.'

25 juni 2018

Ik vraag Fadi hoe het op de rechtbank was. Eerder had hij getweet: 'Vandaag rechtbankdag, ben erg nerveus.'

Fadi antwoordt om 20:30 uur: 'Hey, ik lees net je vorige antwoord. Zoals je weet, is dat hele twitterding nep, niets ervan is waar. Dus wat daar ook staat, het is geen deel van mijn leven. Ik houd me rustig en doe mijn eigen ding. Ik begrijp je standpunt en ik realiseer me dat het niet je eigen mening is, maar ik respecteer het. En wat bedoel je met de rechtbank? Ik ben net wakker. Als ik weer in Amsterdam ben, ben je de eerste die het weet. Wil graag bijpraten. x En alsjeblieft, als je iets over me wilt weten, kijk niet op Twitter. Stuur me een berichtje. ;) x'

'Maar wie is er dan aan het tweeten?' vraag ik hem. 'Ben jij dat niet? Dat is vreselijk, want dit maakt dat jij vreselijk overkomt.'

'Voor wie?'

'Voor iedereen die het leest.'

'Maar ze zijn niet echt. Er is iets gaande dat moeilijk uit te leggen is. En moeilijk te geloven.'

6 augustus 2018

Tweet van Fadi: '*George I hate you*'.

Ik stuur een bericht: 'Hi Fadi, ben je in orde? Is je Insta-account ook gehackt? Want de berichten op Twitter en Insta zijn hetzelfde...'

'Hi Heleen, je weet dat ik op allerlei manieren gehackt ben. Waarom vragen jullie me dat?'

'Ik dacht alleen op Twitter. Kun je je accounts niet verwijderen? "Jij" bent overal in het nieuws...'

15 augustus 2018

Om 3:05 uur stuurt Fadi me een bericht dat hij later weer verwijdert. Ik vraag hem 's ochtends: 'Hi Fadi, je hebt een bericht verwijderd dat je me vannacht stuurde. Je hebt ook je Twitter- en Instagramaccount verwijderd? Ik denk dat dat verstandig is. Ben je oké?'

Er komt geen antwoord.

Op 11 september probeer ik het weer: 'Ik denk aan je en hoop dat het goed met je gaat. Als ik iets voor je kan doen, laat het me weten. Wanneer ben je in Nederland?'

Geen antwoord.

Op 13 september stuur ik hetzelfde bericht via zijn andere mobiele nummer. Ik voeg er een link bij naar de Youtubevideo van 'One more try' van George Michael. 'Luister hiernaar,' zeg ik. 'Het heeft een helende werking.'

'Het gaat goed met me,' antwoordt hij 's avonds laat. 'Alles gaat prima. Hoe is het met jou?'

Dit is de laatste keer dat ik iets van Fadi hoor. Ik antwoord op zijn bericht: 'Met mij gaat het goed. Mijn moeder in is juli overleden, ik weet niet of ik het je heb verteld. Het was triest. Ben je binnenkort in Nederland?'

Het blijft stil.

III
Fadi's vrije val

2019

Fadi erft niets van George. Dat grote nieuws komt in juni naar buiten. Zijn nalatenschap, die 98 miljoen pond waard zou zijn, zal worden verdeeld onder zijn twee zussen en zijn vader, zijn eigen liefdadigheidsinstelling en zeven vrienden, onder wie David Austin, een achtergrondzangeres van Wham! en model Kay Beckenham.

Er verschijnen berichten dat Fadi het huis aan Regent's Park moet verlaten, omdat het tot de erfenis behoort, waarvan hij niets heeft gekregen. Maar Fadi wil en gaat niet weg. Omwonenden beweren dat hij een ravage heeft aangericht in het huis. Er verschijnen foto's van hem op het balkon van het huis, halfnaakt, met een brandende sigaret in zijn hand. Zo te zien is hij aangekomen. De ruitjes van de balkondeuren zijn inderdaad ingeslagen. Zelf zou hij tegen *The Sun* hebben gezegd dat hij het huis aan het renoveren is.

24 juli 2019

The Sun plaatst een video van Fadi, die buiten bij zijn huis op de patio staat en wordt omringd door vier agenten. Hij draagt een wit overhemd, houdt zijn hoofd gebogen. Een van de agenten doet voor hoe hij zijn armen achter zijn rug moet doen, opdat hij in de boeien kan worden geslagen. *The Sun* citeert een politiewoordvoerder die zegt dat Fadi is gearresteerd op verdenking van het toebrengen van 'hevige criminele schade' en in bewaring wordt gesteld op het politiebureau in Noord-Londen.

31 augustus 2019

The Sun brengt het bericht dat Fadi zijn intrek heeft genomen in een hotelletje in Covent Garden dat 49 pond per nacht kost. Op de foto bij het bericht zie je hem bij Travelodge naar binnen stappen. 'Werkloze Fadi heeft zijn vijf-sterren luxe leven verruild voor een lowbudgethotel dat door een recensie op Trip Advisor wordt omschreven als "schrikbarend smerig"', aldus *The Sun*.

12 en 14 september 2019

The Sun publiceert het bericht dat me het meest raakt. Het wordt overgenomen door media in Nederland en België en ongetwijfeld ook in andere landen. Fadi zou dakloos zijn geworden en op straat zwerven. Het bericht van 14 september is gelardeerd met vier verschillende foto's van Fadi, die er verlopen uitziet en op straat rondhangt. Hij draagt een zwart leren jack, heeft een sigaret in zijn mond, zijn zwarte joggingbroek is afgezakt. Je ziet hoe hij een vrouw nastaart terwijl hij met een hand zijn broek omlaag houdt, zodat zijn donkergroene ondergoed zichtbaar is. Hij is ongeschoren en neemt trekken van zijn sigaret met zijn ogen halfdicht. Het is een schril contrast met de man die ik ken, de charmante en goedgeklede Fadi die mijn gastheer was tijdens het een-na-laatste concert van George Michael, bijna zeven jaar geleden.

Ik stuur Fadi diverse berichtjes, via zijn mobiele nummers, via zijn e-mailadres, via Facebook. Steeds met de vraag: hoe is het met je? Kan ik je helpen? Ik bel hem. Geen gehoor.

Ik ben bang dat hij zichzelf een keer iets zal aandoen. Bovendien voel ik me schuldig omdat ik hem heb afgewimpeld toen hij mij tot twee keer toe om hulp vroeg bij het schrijven van het boek. Ik stuur Fadi zowel op 9 als op 19 oktober chatberichten via het Facebookaccount waarop hij af en toe online is. 'Hoe gaat het met je? Wil je misschien naar Nederland komen? Je zou bij ons kunnen logeren. En we kunnen aan je boek werken, als je dat nog wilt. Ik heb er nu tijd voor.' Ik geef hem mijn mobiele nummer. Fadi heeft mijn bericht op 11 november om kwart voor vier gezien. Er komt geen antwoord.

26 maart 2020

Het zoveelste gruwelijke bericht. Volgens *Daily Star* heeft Fadi een video op zijn Facebookpagina geplaatst waarin hij zegt dat hij foto's van George heeft gemaakt toen hij dood was. Ook beweert hij dat er nu mensen achter hem aan zitten vanwege deze beelden. De video zou twee uur later zijn verwijderd. Natuurlijk gaat dit nieuws weer de hele wereld over.

Ook *De Telegraaf* brengt het: 'Ex George Michael bekent: ik nam foto's van hem toen hij dood was.' Het intro is al iets voorzichtiger: 'De ex-vriend van George Michael die hem vond toen hij op 25 december 2016 overleed, bekent dat hij toen foto's van de zanger heeft gemaakt. Dat meldt de *Daily Mail* op basis van een video die de Britse *Daily Star* gezien zou hebben.' Lees dit nog een keer, als je wilt. *De Telegraaf* meldt dat *Daily Mail* iets meldt op basis van een video die de Britse *Daily Star* gezien zou hebben.

Ik ben niet alleen schrijver, maar ook gediplomeerd journalist. De 'journalistiek' die op sommige plaatsen op internet wordt bedreven, bestaat voornamelijk uit het ongebreideld kopiëren en verspreiden van ongecontroleerde berichten.

23 april 2019

Fadi post een bericht op zijn Facebook: '*There is no picture I promise you.* :-)' Vier van zijn vrienden vinden het geweldig. Drieëntwintig vinden het leuk. Zestien reageren boos. Twee noemen het verdrietig. En eentje vindt het grappig.

Ik weet niet wat zich tussen Fadi en de familie van George heeft afgespeeld. Ik weet niet of hem uiteindelijk een afkoopsom is aangeboden en of hij deze heeft geaccepteerd of koppig geweigerd. Een neef van Fadi, die ik voor dit verhaal heb gesproken, beweert dat het goed met zijn oom gaat en hij een maandelijks salaris ontvangt. Ik weet niet of het waar is, maar dat het niet goed met hem gaat, lijkt me duidelijk.

14 juli 2020

Op Facebook zegt Fadi dat hij heeft besloten dat hij wil praten over George Michael en een journalist zoekt die zijn verhaal wil optekenen. *The Sun*, de BBC, het maakt hem niet uit. De wereld moet de waarheid over George Michael horen en het kwaad dat hem, Fadi, is aangedaan. Eind juli zijn de twee berichten van zijn pagina verwijderd.

17 augustus 2020

The Sun brengt het nieuws dat Fadi is gearresteerd vanwege het 'aanvallen van geparkeerde auto's' met een hamer. Het bericht is gelardeerd met foto's en een video. Fadi is grijs geworden. Hij loopt op slippers. Draagt een rood jack en een zwarte sportbroek. Hij heeft een rugzak en een aktetas bij zich en een hamer, die hij in zijn rechterhand houdt. Een buurtbewoner die hem filmend achtervolgt, vraagt waarom hij de auto vernielde. 'Het was mijn auto,' roept Fadi terug, waarna een politieauto met zwaailichten arriveert en hij wordt ingerekend. Het zijn de laatste bewegende beelden van hem die ik zie.

Najaar 2020, Hilversum

Laten we voor het gemak eens aannemen dat alles wat Fadi over George naar buiten heeft gebracht, waar is. Nou ja, bijna alles, want dat hij zijn eigen muziek niet schreef, weiger ik te geloven. Maar laten we aannemen dat het waar is dat George verslaafd was aan crack, dat hij diverse zelfmoordpogingen heeft gedaan, dat hij hiv-positief was en laat het desnoods waar zijn dat de vader van George zijn zussen heeft misbruikt, want ook dat heeft Fadi ergens beweerd – of de hacker van Fadi, dat kan ook. Alles is waar, daar gaan we vanuit, we schikken ons *for the sake of argument* in de waarheid van Fadi.

De vertrouwelijke informatie die hij over George had, mocht tijdens hun relatie natuurlijk niet hardop worden uitgesproken. Fadi diende te zwijgen en alles te accepteren. George Michael spreek je niet tegen en je laat je alleen maar positief over hem uit. Bijna zes jaar lang was Fadi de partner van George of 'in dienst' van George, of hoe je het ook noemen wilt. In ruil daarvoor kreeg hij een goed leven. Hij hield van George, laten we daar ook van uitgaan. Hij aanbad hem. Hij smeekte hem: laat me je niet vinden als je ineens dood bent. Precies dat gebeurde op 25 december 2016. Hierna volgden maanden van onzekerheid over de doodsoorzaak en jaren van onzekerheid over de nalatenschap.

In 2019 wordt duidelijk wat Fadi al vreesde: George heeft hem niets nagelaten. Helemaal niets, zelfs niet het huis waarin hij woont. Fadi heeft alles voor hem gedaan, zijn leven in dienst gesteld van dat van George. En ineens lijkt het alsof hij niet heeft bestaan. Hun liefde was niet echt, George negeert hem postuum, hij heeft niets voor hem geregeld. Fadi voelt zich belazerd, want van de ene dag op de andere is hij niemand meer. Kapper Glenn hoeft niet meer jaloers op hem te zijn, integendeel: die zal in retrospect blij zijn dat George voor Fadi koos en niet voor hem.

Als je dit alles in ogenschouw neemt, samen met de niet-aflatende stroom nieuwsberichten over zijn persoon, is het misschien niet gek dat Fadi intussen is doorgedraaid. Dat hij rare dingen heeft gezegd en gedaan. Dat zijn hersens een loopje met hem hebben genomen. Zelf ben ik tijdens psychotische periodes twee keer in mijn leven de greep op de werkelijkheid verloren, en daarnaast heb ik depressieve periodes gekend. Wat ik vooral aan deze ervaringen heb overgehouden, is mededogen.

Mededogen omdat ik weet dat mensen minder controle over zichzelf hebben dan wij allemaal denken. Op onze zogeheten vrije wil valt nog wel het een en ander af te dingen. Maar voordat dit ontaardt in een filosofische beschouwing: mededogen is wat ik hoop te bereiken met dit verhaal. We oordelen snel en gretig over anderen. We houden onszelf voor de gek door te denken dat wij onder dezelfde omstandigheden dingen anders en beter zouden aanpakken. Maar daartoe moet je wel in staat zijn. Daarvoor moet je 'de juiste gereedschappen' hebben, zoals dat zo mooi heet, en niet iedereen heeft deze gereedschappen meegekregen. En zelfs als je ze hebt, dan staan ze niet altijd tot je beschikking als je ze het hardst nodig hebt. Als je wordt meegesleurd door oncontroleerbare golven van woede, angst, eenzaamheid en verdriet.

Als dit fictie was, zou ik nu een happy ending schrijven. Maar het echte leven is weerbarstig. Ik weet niet waar Fadi is, of hoe het met hem is. Dit verhaal is bedoeld als een reddingsboei van letters, die hij hopelijk ooit onder ogen krijgt. Ik mis hem en onze vriendschap. Ik denk aan zijn opmerking uit 2013: 'Ik heb altijd gedacht dat ik zoveel liefde heb gekregen dat ik daar op een dag de prijs voor zou moeten betalen.' De rekening is voldaan, Fadi. Laat alsjeblieft iets van je horen.